Handarbeiten fürs Baby

BAND 3 DER BRIGITTE-HANDARBEITEN-BIBLIOTHEK

Brigitte
Handarbeiten fürs Baby

70 Modelle
zum Selbermachen

von Kathrin Behrens
und Ariane Heyduck

Ein Brigitte-Buch
im Mosaik Verlag

Die Autorinnen:

Kathrin Behrens wurde 1954 geboren. Sie studierte Mode-Design in Hamburg und arbeitet seit sieben Jahren als Redakteurin bei der Brigitte. Ihr Fachgebiet: Entwurf und Erarbeitung von Handarbeitsthemen.

Ariane Heyduck wurde 1941 geboren. Sie studierte Mode an der Werkkunstschule in Hamburg und machte ihren Meister im Schneiderhandwerk. Seit vielen Jahren ist sie als Brigitte-Redakteurin Spezialistin für alle Handarbeitstechniken.

Herausgeber: Peter Brasch,
Lektorat: Marita Heinz
Gestaltung: Dietmar Meyer,
Ekkhart Blunck
Fotos: Ilse Thoma
Produktion:
Druckzentrale G + J
Lithografie:
Bütehorn GmbH, Hannover
Druck: Mohndruck,
Graphische Betriebe GmbH,
Gütersloh

Printed in Germany
2. Auflage
ISBN 3–570–01796–6

Inhalt

7 Vorwort
8 Taufkleid
11 Besticktes Hemdchen
12 Kissen mit Applikation
14 Wickelweste in Rosatönen
16 Gestrickte und gehäkelte Schuhe
20 Erstlingsgarnitur
24 Wickelunterlage und Flaschenhülle
28 Kurze Latzhose
30 Baumwollpulli und Sonnenhut
34 Häkeljacke und Mütze
38 Baumwolldecke und Wärmflaschenhülle
40 Mohairgarnitur und Decke
44 Strampelsack
46 Ringelmütze
48 Hose mit Pünktchenmuster
51 Wickelweste mit Ringelhose
55 Hose mit Norwegermuster
58 Lätzchen
61 Häkelpulli
64 Teddys
68 Overall
72 Wickelweste in Türkistönen
74 Türkisfarbene Latzhose
77 Pulli mit Schachbrettmuster
79 Jacke mit Raglanärmeln
82 Babytragetuch
84 Patentpullover
88 Zopfpullover
92 Motivpullover
96 Pullover mit bunten Noppen
99 Wickelweste mit Lochmuster
102 Rosa Hose
104 Mohairpullover
107 Schaf
110 Ringelpulli
113 Langes Kleid mit Sternenpasse
116 Bunte Norwegerjacke
119 Baumwollpulli mit Lochmuster
123 Angorakleid
126 Pullover mit irischen Mustern
130 Trachtenjacke
134 Rhombenpullover
139 Decke
139 Norwegermütze mit Fäustlingen
142 Kleid mit Norwegerpasse
146 Pullover mit Kapuze
150 Pullunder
153 Mantel und Ringelmütze
156 Abkürzungen
157 Maschenprobe und Lauflänge
158 Register

Beiliegend finden Sie einen Bogen mit verschiedenen Alphabeten und Motiven zum Nachsticken.

Bastian

Vorwort

Handarbeiten fürs Baby macht richtig Spaß: Weil Hemdchen, Pullis, Ausfahrgarnituren so klein sind, werden sie schnell fertig. Und Kleidung im Miniformat sieht immer niedlich aus! Ob Sie Ihr eigenes Baby verwöhnen möchten oder ein Geschenk suchen, in diesem Buch finden Anfänger und Fortgeschrittene eine Fülle von Modellen zum Nacharbeiten.
Für Neugeborene, für den Täufling, für Krabbelkinder und für Kleinkinder, die schon laufen können, zeigen wir eine Vielfalt von praktischen Modellen. Die Grundausstattung umfaßt eine Ausfahrgarnitur, die ersten Schuhe, eine Wickelunterlage, viele Pullis, eine Schmusedecke, Teddys, Tiere und feine Kleidchen. Außerdem geben wir Ihnen Anregungen für kleine Geschenke zu Geburt und Taufe. Für alles gibt es Schnittzeichnungen und ausführliche Anleitungen.

Taufkleid in Größe 62 bis 68

Ein Prachtstück für den ersten großen Feiertag: Oberteil und die Borte des Taufkleides werden gehäkelt – der Rock aus reinem Leinen. Wenn Sie Namen und Tauftag auf die Schärpe sticken, schaffen Sie ein Erbstück für viele Generationen.

Material: *150 g weißes Baumwollgarn (Lauflänge 250 m/50 g), 1 Häkelnadel Nr. 1,25, 80 cm weißes dünnes Leinen, 120 cm breit, 1 Docke Sticktwist in Rot, 6 kleine Knöpfe sowie Transparentpapier, gelbes Kopierpapier und Fixativspray.*
Grundmuster: *Luftmaschen und Stäbchen, Muster s. Schemazeichnung.*
Maschenprobe: *54 Maschen in der Breite und 20 Reihen in der Höhe ergeben 10 cm im Quadrat.*

*Das **Häkeloberteil** wird bis zu den Armausschnitten in einem Stück in Hin- und Rückr. gearbeitet. Dafür 271 Lftm. plus 2 Wendelftm., sie ersetzen das 1. Stb. am Anfang jeder R., anschlagen und nach der Zeichnung von der rückw. Mitte bis zur vord. Mitte häkeln und die R. gegengleich beenden, d. h. die rechte Rückenteil-Hälfte wird nur bis 1 Kästchen vor die rückw. Mitte gearbeitet. Die Abnahmen für die Armausschnitte sowie den vord. und rückw. Halsausschnitt sind im Schema eingezeichnet. Nun die Schulternähte mit 1 R. fe. M. zus.häkeln. Für den **linken Ärmel** den Rapport 6mal nach der Schemazeichnung wiederholen, dabei die Ärmelmitte beachten und von Vorderteil * bis Rückenteil * an das Oberteil anhäkeln.*

(weiter Seite 10)

Vorderteil- und Rückenteil-Hälfte

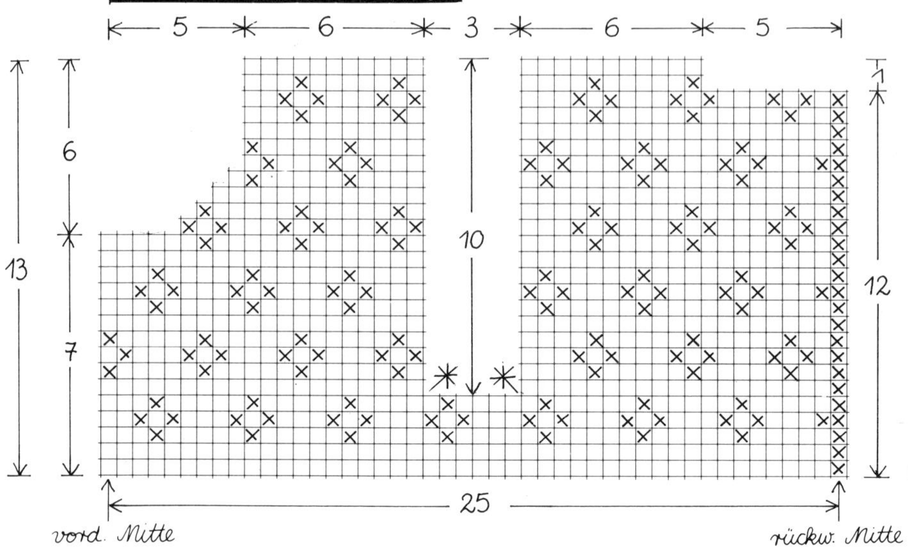

□ 2 Lftm., 1 Stb.
× 3 Stb.

Bastian
5.9.1984

Den **rechten Ärmel** gegengleich arbeiten. Nun den Halsausschnitt und die rechte Rückenteil-Hälfte mit 1 R. fe. M. umhäkeln, dabei an der rückw. Kante gleichmäßig verteilt 6 Knopflöcher einarbeiten. Dafür jeweils 6 Lftm. häkeln und 1 Stb. R. am Oberteil übergehen. Jetzt die Armausschnitt- und die Ärmelnähte schließen. Für die **untere Borte** 61 Lftm. plus 2 Wendelftm., sie ersetzen das 1. Stb. der 1. R., anschlagen und in Hin- und Rückr. den Rapport 8mal nach der Schemazeichnung häkeln. Wie die Stb. am Ende der R. zugenommen werden, ist aus der Zeichnung ersichtlich. Für die **Schärpe** 2 Streifen von 10 cm vom Leinenstoff quer abschneiden, an den schmalen Seiten zus.-nähen und ringsherum 0,5 cm säumen. Nun die Webkanten des großen Leinenstückes erst 0,5 cm, dann 2 cm zur linken Seite umbügeln und knappkantig absteppen. Die obere Kante auf 50 cm Weite einkräuseln und das Häkeloberteil ansteppen. An die untere Kante die Häkelborte annähen und die Nahtzugaben der oberen und unteren Kante versäubern. Die Knöpfe an das Häkeloberteil annähen. Auf das eine Ende der Schärpe den Namen und das Taufdatum aufsticken. Dafür **aus dem Alphabet vom Beilagebogen** den Namen und das Datum zus.setzen und auf Transparentpapier zeichnen. Das Papier auf die entspr. Stelle auf die Schärpe legen, gelbes Kopierpapier dazwischenschieben und alle Linien mit einem Kugelschreiber nachziehen. Den Stoff mit Fixativspray besprühen, damit die Linien nicht verwischen. Nun mit geteiltem Faden (2fädig) alle Linien im Stielstich, die kleinen Flächen im Plattstich sticken.

Borte

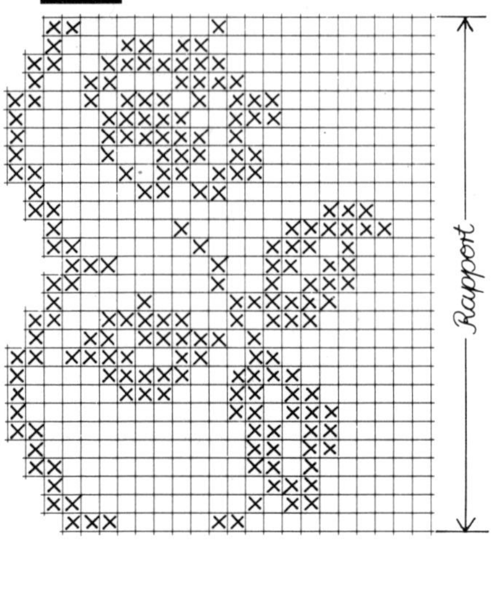

Ärmelmuster

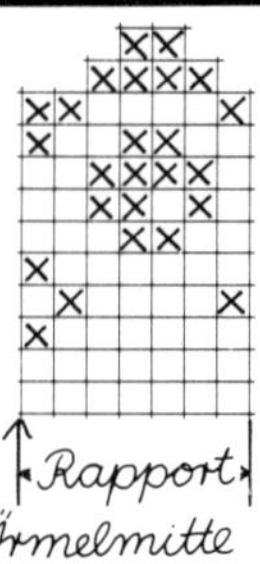

□ 2 Lftm., 1 Stb.
× 3 Stb.

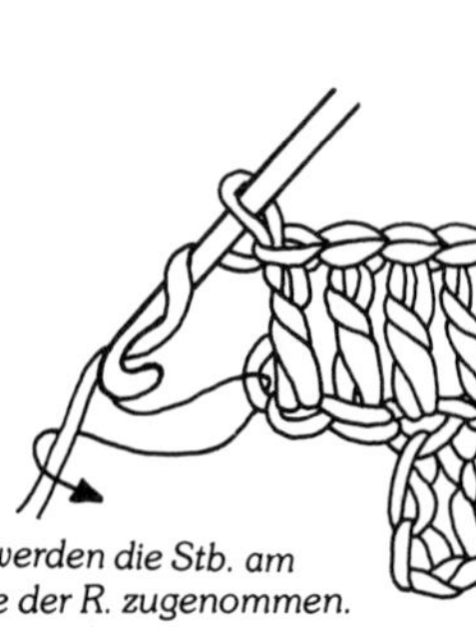

So werden die Stb. am Ende der R. zugenommen.

Besticktes Hemdchen

Ein schönes Geschenk zur Geburt ist das Erstlingshemd mit aufgesticktem Namen.

Material: *1 Erstlingshemd, Sticktwist in Blau, Rot und Gelb, 15x15 cm Organza, Transparentpapier, Fixativspray sowie 1 Stickrahmen.*
Anleitung: *Den gewünschten Namen aus dem Alphabet (Alphabet und Blüte auf dem Beilagebogen) zusammensetzen und zu beiden Seiten je eine Blüte auf Transparentpapier aufzeichnen, auf Organza durchzeichnen und den Organza mit Fixativspray besprühen, damit die Linien beim Sticken nicht verwischen. Den Organza in Brusthöhe auf das Hemdchen heften, alles in den Stickrahmen spannen und mit geteiltem Faden (2fädig) wie folgt aussticken: die Schrift in Blau im Stiel- und Plattstich, die Blüten in Rot im Margeritenstich und die Punkte der Blüten in Gelb im Knötchenstich. Den Organza rund um die Stickerei abschneiden, restliche Fäden mit einer Pinzette auszupfen.*

Kissen mit Applikation und Stickerei

Damit man sofort sieht, wer sich unter diesem prachtvollen Kissen verbirgt: Der Name und alle wichtigen Daten des Babys sind hier aufgestickt. Das vollständige Alphabet und die Zeichnungen finden Sie auf dem Beilagebogen.

Material: *1 farbiger, ungemusterter Kissenbezug 80x80 cm, ein Rest weißer Baumwollstoff 20x26 cm, je 1 Docke Sticktwist in Violett, Türkis, Graublau, Rosa, Zyklam und Rot sowie Reste in Blau, Braun und Schwarz, Transparentpapier, helles Kopierpapier, Fixativspray und 1 Stickrahmen.*

Anleitung: *Den Storch mit Uhr, Waage und Zentimetermaß und den gewünschten Namen mit den Daten (zusammengesetzt aus dem großen und kleinen Alphabet und den Zahlen auf dem Beilagebogen) so auf Transparentpapier aufzeichnen, daß die Uhrzeit hinter der Uhr, die Grammzahl hinter der Waage und die Größenangabe hinter dem Zentimetermaß steht. Das Transparentpapier mit dem Motiv auf die Mitte des Kissenbezuges legen, Kopierpapier dazwischenschieben und alle Linien mit einem Kugelschreiber sorgfältig nachziehen. Die Zeichnung auf der Kissenhülle mit Fixativspray besprühen, damit die Linien beim Sticken nicht verwischen. Nun auf diese Weise den Körper (ohne Schnabel und Bein) des Storches mit den Linien der Federn und des Auges auf den weißen Baumwollstoff aufzeichnen und ebenfalls fixieren. Dann den weißen Baumwollstoff so auf die Kissenhülle heften, daß die Linien des Storches übereinanderliegen und diese mit Zickzackstichen nachsteppen. Den überstehenden weißen Baumwollstoff an den Kanten ringsherum vorsichtig abschneiden. Nun nacheinander die Zeichnung auf der Kissenhülle in den Stickrahmen spannen und alles mit geteiltem Faden (2fädig) wie folgt aussticken: den Namen in Violett, das Geburtsdatum in Türkis, die Uhrzeit in Graublau, die Grammzahl in Rosa, die Zentimeterangabe in Zyklam, den Schnabel und das Bein in Rot im Plattstich. Die Uhr in Blau, die Waage und das Zentimetermaß in Braun und die Federn und das Auge in Schwarz im Stielstich.*

Bastian
2.8.1984
1702
3700 gr.
56cm

Wickelweste in Rosatönen in Größe 62

Das wärmt schon von klein auf: Ein Wikkelwestchen aus flauschigem Angora, das in Streifen in einem Stück gestrickt wird.

Material: 60 g Angorawolle (Lauflänge 96 m/20 g), d. h. je 20 g in Pink, Lachs und Rosa, Stricknadeln Nr. 4 und 1 Häkelnadel Nr. 3 sowie 2 Knöpfe.
Grundmuster: glatt re. (Hinr. re., Rückr. li.).
Farbfolge: je 6 R. in Lachs, Rosa, Pink, Lachs und Rosa.
Maschenprobe: 22 M. in der Breite und 30 R. in der Höhe = 10 cm im Quadrat.
Rückenteil und Vorderteile werden ohne Schulternähte in einem Stück gestrickt und am rückw. Bündchen begonnen. Dafür 48 M. in Pink anschlagen und zunächst 3 cm im Rippenmuster (2 M. re., 2 M. li. im Wechsel) stricken. Dann im Grundmuster in der angegebenen Farbfolge weiterarbeiten. Dabei in 7 cm Gesamth. für die Ärmel beidseitig je 11 M. dazu anschlagen. Gerade hochstricken, dabei für die Ärmelblenden beidseitig die äußeren 5 M. kraus re. (Hinr. re., Rückr. re.) arbeiten. Nach Beenden der angegebenen Farbfolge über die gesamte Breite in Pink kraus re. weiterstricken. In 15 cm Gesamth. ist die Bruchlinie auf der Schulter erreicht. Hier für den rückw. Halsausschnitt die mittl. 18 M. abketten und mit dem rechten Vorderteil beginnen (die übrigen M. stillegen). Zunächst in Pink weitere 2 cm kraus re. arbeiten, dann im Grundmuster in umgekehrter Farbfolge weiterstricken. Für die Ärmelblende und die vord. Blende jeweils die äußeren 5 M. kraus re. arbeiten. Außerdem für die Schrägung der vord. Kante in jeder Hinr. vor der 5. letzten M. 1 Umschl. aufnehmen, den Umschl. in der folg. Rückr. li. stricken, so daß ein Loch entsteht. Gleichzeitig in 23 cm Gesamth. die 11 M. des Ärmels abketten. In 27 cm Gesamth., nach Beenden der Streifen, für das Bündchen in Pink im Rippenmuster weiterarbeiten, dabei die Blende ohne Zunahmen, also ohne Umschl., weiter kraus re. stricken. In 30 cm Gesamth. die M. abk. Das li. Vorderteil gegengleich beenden.
Ausarbeitung: Die Ärmel- und Seitennähte schließen. Am Bündchen des rechten Vorderteiles 2 Ösen aus Lftm. anhäkeln, am li. Vorderteil Knöpfe annähen.

Vorderteil und Rückenteil Hälfte

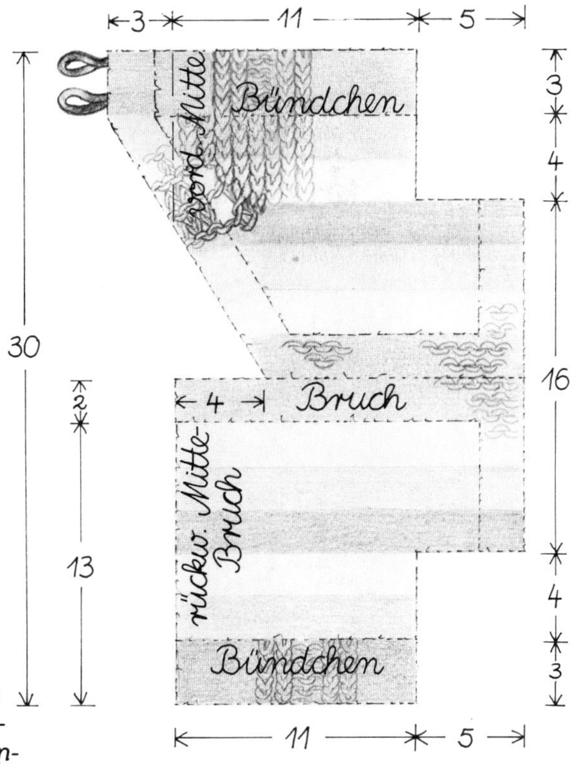

Gestrickte und gehäkelte Schuhe

Die kleinen Schuhe wärmen bestimmt, wenn das Baby im Tragetuch oder im Kinderwagen die ersten Ausflüge unternimmt. Mehrere Paar davon sind ein niedliches und zugleich praktisches Geschenk zur Geburt.

Rote Schuhe mit Norwegermuster

Material: *50 g rote und je ein Rest lila und rosa Sportwolle (Lauflänge 115 m/ 50 g), 1 Nadelspiel Nr. 4.*

Grundmuster: *glatt re. (hier in Runden nur re.), Norwegermuster s. Schemazeichnung, Maschenzahl teilbar durch 4.*

Anleitung: *28 M. (7 M. je Nadel) für einen Schuh in Rot anschlagen, zur Rd. schließen und im Grundmuster zunächst für den Rollrand 3 cm stricken. In der folg. Rd. bei jeder Nadel die ersten 2 M. re. zus.stricken. Dann mit dem Norwegermuster nach dem Schema beginnen. Der Rapport wird in der Rd. 6mal, in der Höhe 1mal ganz und noch 1mal bis zur 4. Rd. ausgeführt. In 8 cm Gesamth. für die später zu strickende Ferse die M. der 4. und 1. Nadel mit einem extra Faden in anderer Farbe arbeiten, dann wie gewohnt weiterstricken. Nach dem 3. Rapport in der Gesamth. nur in Rot weiterarbeiten und sofort mit den Abnahmen für die Spitze beginnen. Dafür in der folg. Rd. bei der 1. und 3. Nadel die 2 letzten M. re. zus.str. Bei der 2. und 4. Nadel die 1. M. abheben, die 2. M. re. und die abgeh. M. darüberziehen. Diese Abnahmen noch 3mal in jeder 2. Rd. genauso wiederholen. Dann die 4 M. der Fußsohle mit den 4 M. des Fußrückens im Maschenstich zusammennähen. Nun den andersfarb. Faden aus den Fersenm. herausziehen und die entstehenden M., auf 4 Nadeln verteilt, auffassen. Mit diesen 6 M. je Nadel die Ferse genau wie die Spitze stricken. Den zweiten Schuh genauso arbeiten.*

Norwegerschuhe

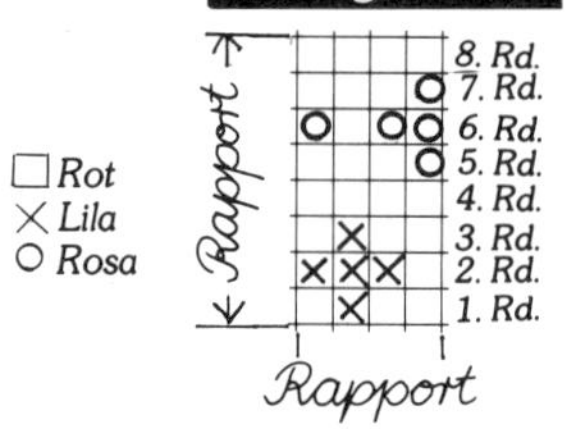

Rosa Schuhe mit rotem Rand und geringelte Schuhe

Material: *Für die rosa Schuhe 50 g rosa und ein Rest rote Sportwolle (Lauflänge 70 m/50 g), Stricknadeln Nr. 5.*
Für die geringelten Schuhe insgesamt 50 g Mohairwolle (Lauflänge 125 m/ 50 g) in Weinrot, Rosa und Rot, Stricknadeln Nr. 5.

Grundmuster: *kraus re. (Hinr. re., Rückr. re.)*

Anleitung: *Der* **rosa Schuh** *wird an der Sohle begonnen. Dafür 38 M. in Rosa anschlagen und im Grundmuster arbeiten. In 5 cm Höhe beidseitig je 8 M. abketten. In 9,5 cm Gesamth. in Rot weiterstricken. In 12 cm Gesamth. die M. abketten. Den zweiten Schuh genauso arbeiten.*
Der **geringelte Schuh** *wird im Prinzip wie der rosa Schuh gestrickt. Die M. in Weinrot anschlagen und * 4 R. in Weinrot, 4 R. in Rosa, 4 R. in Rot stricken, ab * noch 2mal wiederholen, weitere 4 R. in Rot arbeiten, die M. abketten.*

Ausarbeitung: *Die vord. und die Sohlennaht schließen, die vord. Öffnung mit einem Faden fest zusammenziehen und den Faden vernähen.*

Pinkfarb. Schuhe mit weißem Rand und rosa Schuhe

Material: *Für die pinkfarb. Schuhe 50 g pinkfarb. und ein Rest weiße Sportwolle (Lauflänge 85 m/50 g), Stricknadeln Nr. 4. Für die rosa Schuhe 50 g Babywolle (Lauflänge 215 m/50 g), Stricknadeln Nr. 3.*

Grundmuster: *kraus re. (Hinr. re., Rückr. re.)*

Anleitung: *Der* **pinkfarb. Schuh** *ist 11 cm lang. Er wird in der Mitte der Sohle begonnen. Dafür 16 M. in Pink anschlagen und kraus re. (Hinr. re., Rückr. re.) arbeiten. Dabei in der 2. R. 6 M. zunehmen, d. h. nach der 1., 3., 7., 9., 11. und 15. M. aus dem Querfaden der Vorr. 1 M. re. verschr. herausstricken. Diese Zunahmen noch 4mal in jeder 2. R. an den gleichen*

Geringelte Schuhe **Rosa Schuhe**

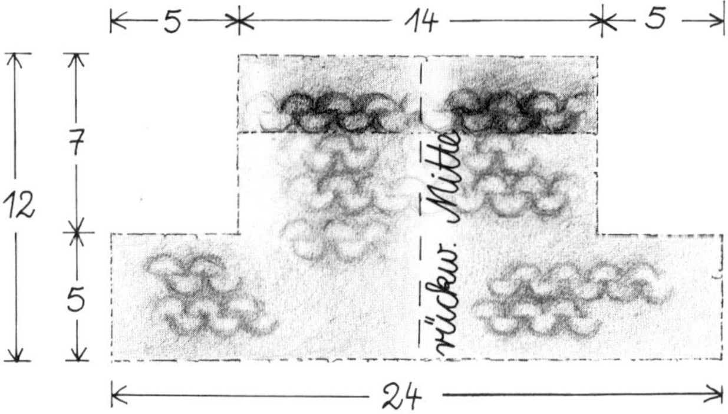

Stellen wiederholen, d. h. die M. stets über den zuvor zugenommenen M. herausstricken (46 M.). Dann 3 R. li. (Hinr. li., Rückr. re.) ohne Zunahmen arbeiten. Nun im Patentmuster insgesamt 10 R. stricken (1. Reihe: 1 Randm., * 1 Umschl., 1 M. wie zum Linksstricken abheben, 1 M. re., ab * stets wiederholen, 1 Randm. 2. Reihe: 1 Randm., * 1 Umschl., 1 M. wie zum Linksstricken abheben, die folg. M. mit dem Umschl. der Vorr. re. zus.stricken, ab * stets wiederholen, 1 Randm. Die 2. Reihe stets wiederholen). Dann 1 R. re. stricken. Dabei für das Fußblatt in der Mitte der R. 7 M. abnehmen, d. h. bei den mittl. 14 M. stets 2 M. re. zus.stricken. Noch 2 R. in Pink und 4 R. in Weiß kraus re. arbeiten. Dabei noch 2mal in jeder 2. R. je 7 M. auf die gleiche Weise abnehmen. Die restlichen 25 M. abketten. Die Sohlennaht und die rückw. Naht schließen. Den zweiten Schuh genauso arbeiten.

Die **rosa Schuhe** werden genau wie die pinkfarb. Schuhe gestrickt. Mit dünner Babywolle und dünneren Nadeln werden sie entsprechend kleiner. Man kann die Größe aber auch durch mehr Anschlagm. und Reihen regulieren.

Aprikotfarb. Häkelschuhe

Material: 20 g aprikotfarb. und ein Rest rote Angorawolle (Lauflänge 96 m/20 g), 1 Häkelnadel Nr. 4 und 2 kleine Knöpfe.

Grundmuster: hlb. Stb.

Anleitung: Es wird in der Sohlenmitte begonnen. Dafür 8 Lftm. mit doppeltem Faden anschlagen und in Rd. im Grundmuster arbeiten, d. h. auf jede Lftm. 1 hlb. Stb., auf die letzte Lftm. 3 hlb. Stb. häkeln. Auf der anderen Seite der Lftm.-Kette zurück ebenfalls auf jede Lftm. 1 hlb. Stb., auf die letzte Lftm. 3 hlb. Stb. häkeln. In der folg. Rd. die 3 hlb. Stb. in der Mitte und am Ende der Rd. verdoppeln, also stets 2 hlb. Stb. auf 1 hlb. Stb. der Vorrd. arbeiten. In den folg. 2 Rd. an den bisherigen Zunahmestellen gleichmäßig verteilt nochmals je 3 hlb. Stb. zunehmen, so daß eine flache Sohle entsteht. Über diese 36 hlb. Stb. noch 4 Rd. ohne Zunahmen arbeiten. Dann das Fußblatt in fe. M. häkeln. Dafür 9 M. von der vord. Mitte des Schuhs nach rechts gehen und an dieser Stelle beginnen. 8 fe. M. auf je 1 M. der Vorrd. arbeiten, die folg. 3 M. mit 1 fe. M. zusammenhäkeln, 8 fe. M. auf je 1 M. der Vorrd. arbeiten, wenden, die 1. M. übergehen und zurückhäkeln. Dabei in der Mitte wieder 3 M. zus.häkeln. Am Ende wenden, 1 M. übergehen und zurückhäkeln. In diesem Prinzip weiterarbeiten und abnehmen, bis das Fußblatt gerade geschlossen ist. Nun den Rand mit Krebsstichen (fe. M. von links nach rechts) umhäkeln. Dabei an der Innenseite des Schuhs einen Riegel anarbeiten. Dafür 3 M. vor dem Fußblatt 10 Lftm. und für das Knopfloch weitere 5 Lftm. häkeln, dann auf den 10 Lftm. mit hlb. Stb. zurückhäkeln. An der Außenseite des Schuhs einen Knopf annähen. In der Mitte des Fußblattes eine kleine Quaste in Rot annähen. Den zweiten Schuh genauso arbeiten, jedoch den Riegel gegengleich anhäkeln.

Erstlingsgarnitur in Größe 62

Besonders schön für die erste Ausfahrt: Jacke, Mütze und Schuhe sind aus weicher Mohairwolle kraus rechts gestrickt. Die Hose ist aus glatter Sportwolle – und dadurch etwas robuster.

Material: *150 g türkisfarb. Mohairwolle (Lauflänge 38 m/20 g) und 100 g türkisfarb. Sportwolle (Lauflänge 70 m/50 g), Stricknadeln Nr. 5.*

Grundmuster: *kraus re. (Hinr. re., Rückr. re.).*
Maschenprobe: *Mit Mohairwolle gestrickt ergeben 14 M. in der Breite und 24 R. in der Höhe 10 cm im Quadrat.*
Mit Sportwolle gestrickt ergeben 14 M. in der Breite und 28 R. in der Höhe 10 cm im Quadrat.
Die ***Jacke*** *wird in einem Stück quer gestrickt und an einer vord. Kante begonnen. Dafür 42 M. mit Mohairwolle anschlagen und in Hin- und Rückr. im Grundmuster arbeiten. Für die Passenrundung während des gesamten Verlau-*

(weiter Seite 22)

Vorderteil- und Rückenteil-Hälfte mit Ärmel

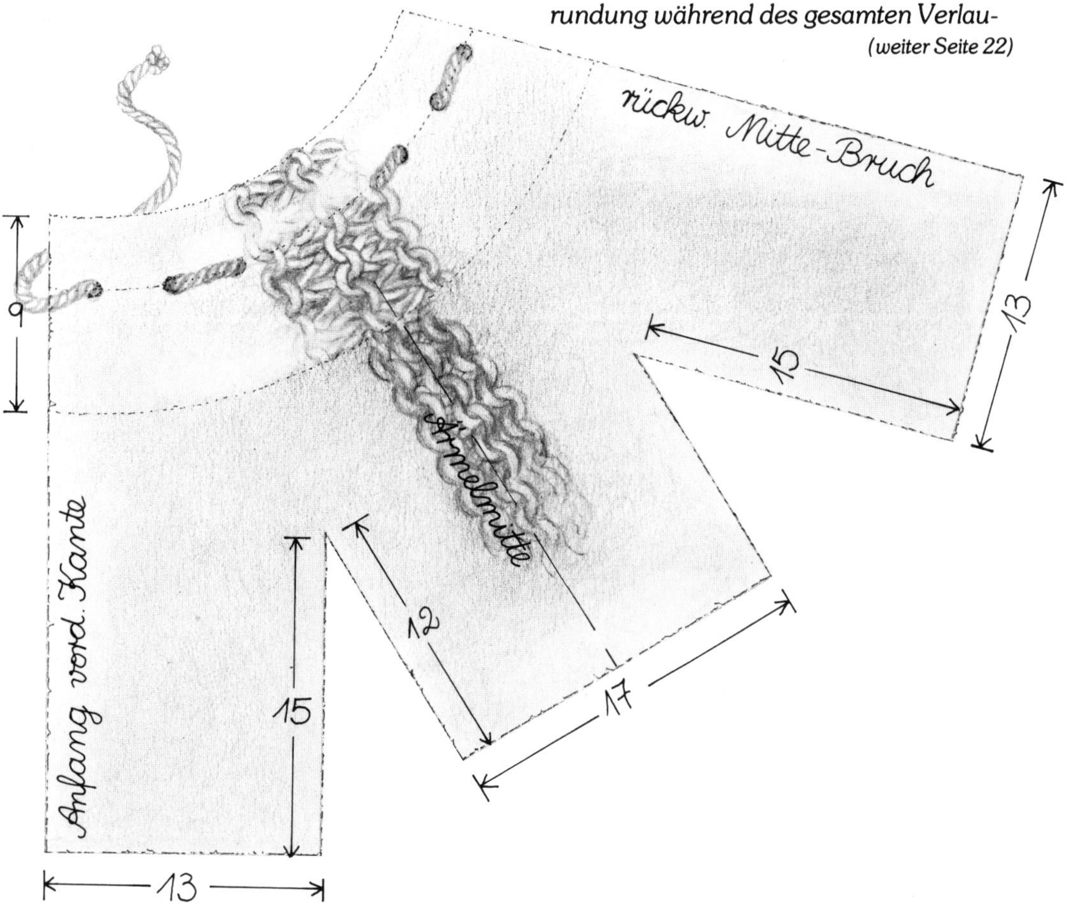

fes der Arbeit mit verkürzten R. wie folgt stricken: Die 1. und 2. R. über alle 42 M. arbeiten, in der 3. R. die ersten 30 M. strikken, 12 M. ungestrickt auf der linken Nadel lassen, wenden, zurückstricken. Damit an den Wendestellen keine Löcher entstehen, wird stets nach dem Wenden vor dem Zurückstricken 1 Umschl. aufgenommen. Diesen strickt man später, wenn wieder über die Stelle hinweggearbeitet wird, mit der folg. M. re. zusammen. Die 5. und 6. R. wieder über alle 42 M. arbeiten. Im Prinzip der verkürzten Reihen für die Passe fortfahren, also die 1.–4. R. fortlfd. wiederholen. In 13 cm Höhe (an der unteren Jackenkante gemessen) ist die seitliche Bruchlinie erreicht, und es wird mit dem Ärmel begonnen. Zunächst jedoch für das später zu strickende Rückenteil 21 M. auf einer Hilfsnadel stillegen. Zu den übrigen 21 M. für den Ärmel sofort 17 M. dazu anschlagen. Es sind 38 M. auf der Nadel. Wie gewohnt weiterstricken, und stets an der Passe an der üblichen Stelle wenden. In 17 cm Höhe (an der unteren Ärmelkante gemessen) die 17 angeschlagenen M. wieder abketten. Nun die stillgelegten M. des Vorderteils wieder auf die Nadel nehmen und mit allen 42 M. das Rückenteil arbeiten, bis eine Gesamth. von 39 cm (an der unteren Jackenkante gemessen) erreicht ist. Nun den zweiten Ärmel stricken. Dafür wieder 21 M. stillegen und die Arbeit fortsetzen wie beim ersten Ärmel beschrieben. Anschließend das zweite Vorderteil beenden. In 52 cm Gesamth. (an der unteren Jackenkante gemessen) die M. abketten.

Die ***Mütze*** *wird in einem Stück gestrickt und an einer Seite der unteren Kante begonnen. Dafür 14 M. mit Mohairwolle anschlagen und in Hin- und Rückr. 2 cm im Grundmuster gerade hocharbeiten. Dann für die Rundung an einer Seite 4mal in jeder 4. R. 1 M. zunehmen. In 12 cm Gesamth. für das rückw. Mützenteil noch 17 M. dazu anschlagen und 6 cm gerade hocharbeiten. Es ist die Mitte erreicht. Nun das Strickstück gegengleich beenden, dabei werden die Zunahmen zu Abnahmen.*

Mützen-Hälfte

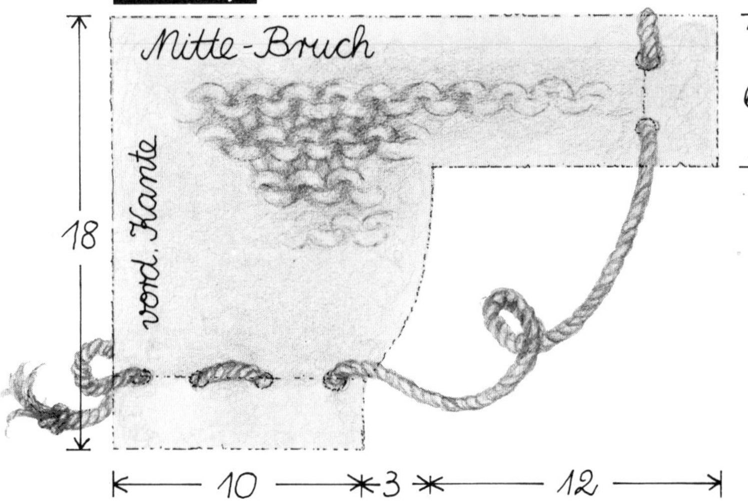

Die **Schuhe** werden an der oberen Kante begonnen. Für einen Schuh 18 M. mit Mohairwolle anschlagen und in Hin- und Rückr. 7 cm im Grundmuster gerade hocharbeiten. Dann beidseitig je 6 M. auf Hilfsnadeln stillegen und mit den mittleren 6 M. für das Fußblatt noch 6 cm gerade hochstricken, die M. abketten. Nun aus einer Seite des Fußblattes 10 M. herausstricken, die 6 stillgelegten M. mit auf die Nadel nehmen und 5 cm gerade hocharbeiten, die M. abketten. Die zweite Seite gegengleich arbeiten. Den zweiten Schuh genauso stricken.

Die **Hose** wird in einem Stück gestrickt und an der vord. oberen Kante begonnen. Dafür 32 M. mit Sportwolle anschlagen und in Hin- und Rückr. im Grundmuster stricken, dabei in 2 cm Gesamth. für den Durchzug eine Lochreihe wie folgt arbeiten: 3 M. re., * 1 Umschl., 2 M. re. zus.str., 2 M. re., ab * noch 6mal wiederholen, 1 M. re. In der Rückr. alle Umschl. re. stricken. In 13 cm Gesamth. im Rippenmuster (1 M. re., 1 M. li. im Wechsel) weiterarbeiten, dabei am Anfang der 1. R. 1 M. dazu anschlagen. In 29 cm Gesamth. diese M. wieder abketten und kraus re. weiterstricken. In 40 cm Gesamth. wieder eine Lochreihe, wie beschrieben, arbeiten und in 42 cm Gesamth. die M. abketten.

Ausarbeitung: Die Ärmelnähte der Jacke schließen. Eine 80 cm lange Kordel aus Mohairwolle drehen und 2 cm vom Halsausschnitt entfernt durch die M. der Jacke ziehen. Die Mützennähte schließen. Eine 80 cm lange Kordel aus Mohairwolle drehen und 2 cm von der unteren Kante der Mütze durch die M. ziehen. Die rückw. und die Sohlennaht der Schuhe schließen, die vord. Öffnung mit einem Faden fest zusammenziehen und den Faden vernähen. Die Seitennähte der Hose 13 cm von oben schließen. Eine 90 cm lange Kordel aus Sportwolle drehen und durch die Löcher der oberen Kante ziehen.

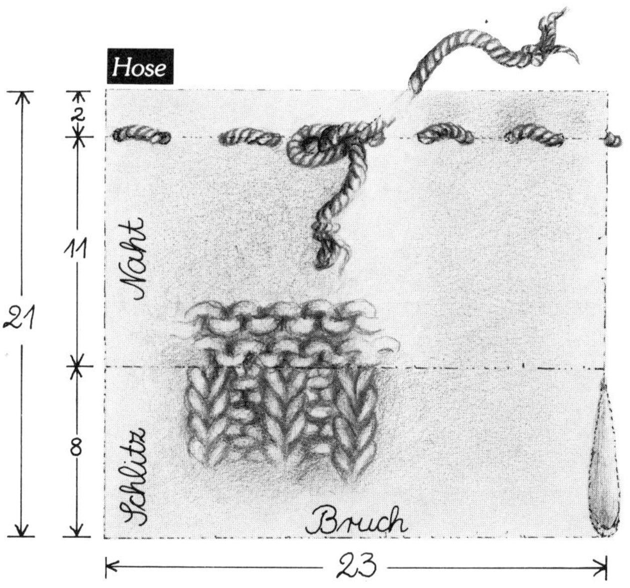

Wickelunterlage und Flaschenhülle

Damit unterwegs alles griffbereit ist: Die Wickelunterlage wird mit zwei Handgriffen zusammengelegt und macht jeden Ausflug mit. Die Wärmehülle für die Nuckelflasche ist passend dazu aus Baumwolle gestrickt.

Material: *Für die Unterlage und die Plastiktasche 80 cm blaugrundiger und 60 cm weißgrundiger, gemusterter Baumwollstoff, 90 cm breit; 90 cm Molton, 90 cm breit; 40x60 cm weißes Wachstuch; 25x34 cm Klarsichtfolie; 1 Reißverschluß 22 cm lang und 125 cm Bundfix, 2 cm breit. Für die Flaschenhülle insgesamt 50 g Baumwollgarn (Lauflänge 90 m/50 g) in Blau und Weiß, 1 Nadelspiel Nr. 3,5 und 1 Häkelnadel Nr. 3,5.*

Wickelunterlage und Plastiktasche

Zuschneiden: *Nach dem Schnittschema originalgroße Schnitteile anfertigen. Für die Blasebalgtaschen jeweils an den Seiten 5 cm am Schnitteil zugeben. Für die Wachstuchunterlage ist das Schnitteil 35x58 cm groß. Nun alle Schnitteile auf den Stoff legen und mit Nahtzugaben (2,5 cm für die oberen Taschenkanten) zuschneiden, d. h. aus weißgrundigem Stoff 1mal die Wickelunterlage, die beiden kleinen Blasebalgtaschen, 2 Träger, je 62 cm lang und 6 cm breit, und 4 Bänder je 30 cm lang und 4 cm breit. Aus blaugrundigem Stoff 1mal die Wickelunterlage, 1mal die Wachstuchunterlage, 1mal die große Tasche und 1mal die große Blasebalgtasche. Aus Molton 1mal die Wickelunterlage und 1mal die Wachstuchunterlage und aus Wachstuch 1mal die Wachstuchunterlage.*

Nähen: *Den Saum der oberen Kante aller Taschen 1,5 cm breit nach innen bügeln und feststeppen. Das weißgrundige Stoffteil der Wickelunterlage auf die Moltoneinlage legen und die Taschen nach der Schemazeichnung aufsteppen. Die Stepplinie unterhalb der großen Tasche ausführen. Das blaugrundige Stoffteil für die Wachstuchunterlage auf Molton legen, mit dem Wachstuch verstürzen, knappkantig absteppen und auf die Wikkelunterlage mit der Wachstuchseite nach oben aufsteppen, wie im Schnittschema eingezeichnet. Nun die beiden Träger der Länge nach mit Bundfix versteifen und verstürzen (Fertigmaß 2 cm breit) sowie die 4 Bindebänder nähen (Fertigmaß 1 cm breit). Die Träger und Bindebänder knappkantig absteppen. Dann die Nahtzugaben der Wickelunterlage abschneiden, das blaugrundige Stoffteil auf den Molton legen und 1 cm breit auf die weißgrundige Stoffseite aufsteppen, dabei an den Längsseiten die beiden Träger und an der oberen Kante 2 Bindebänder mitfassen (siehe Schnittschema). Die beiden anderen Bindebänder auf die blaugrundige Seite steppen (im Schnittschema mit IXI bezeichnet), und in alle Enden der Bänder einen Knoten schlagen.*
Für die ***Plastiktasche*** *die Klarsichtfolie quer in 2 Teile (24x17 cm) schneiden, jeweils eine Längsseite eines Teiles mit blaugrundigem Stoff 1 cm breit einfassen und unter die eingefaßten Kanten jeweils eine Reißverschlußseite untersteppen. Nun die Klarsichtteile aufeinanderlegen, knappkantig zusammensteppen und die Kanten 1 cm breit mit blaugrundigem Stoff einfassen.*

(weiter Seite 26)

Flaschenhülle

Grundmuster: *Perlmuster, gerade Maschenzahl.* ***1. Runde:*** *1 M. re., 1 M. li. im Wechsel.* ***2. Runde:*** *wie die 1. Rd., nur das Muster um 1 M. versetzen, d. h. über die re. M. li. M., über die li. M. re. M. stricken. Die 2. Rd. fortlaufend wiederholen.*
Die ***Flaschenhülle*** *ist 14 cm hoch und hat einen Umfang von 20 cm. Dafür 32 M., verteilt auf 4 Nadeln des Nadelspieles, in Blau anschlagen, zur Rd. schließen und im Grundmuster 10 Rd. stricken. Dann abwechselnd 2mal je 10 Rd. in Weiß und Blau arbeiten. In 14 cm Gesamth. für den Hüllenboden glatt re. weiterstricken, dabei für die abnehmende Weite in der folg. Rd. jede 7. und 8. M. re. zus.stricken. Diese Abnahmen noch 5mal in jeder 2. Rd. an den gleichen 4 Stellen wiederholen, also zunächst jede 6. und 7. M., jede 5. und 6. M. usw. re. zus.stricken. Die letzten 8 M. mit dem Endfaden zusammenziehen. Jetzt um den oberen Rand 1 Rd. fe. M. in Weiß häkeln. Darüber für den Durchzug * 1 fe. M. in 1 M. der Vorrd. häkeln, 3 Lftm., 2 M. der Vorrd. übergehen, ab * fortlaufend wiederholen. Zum Schluß eine 40 cm lange Lftm.-Kette in Blau häkeln und durch die Lftm.-Bögen ziehen.*

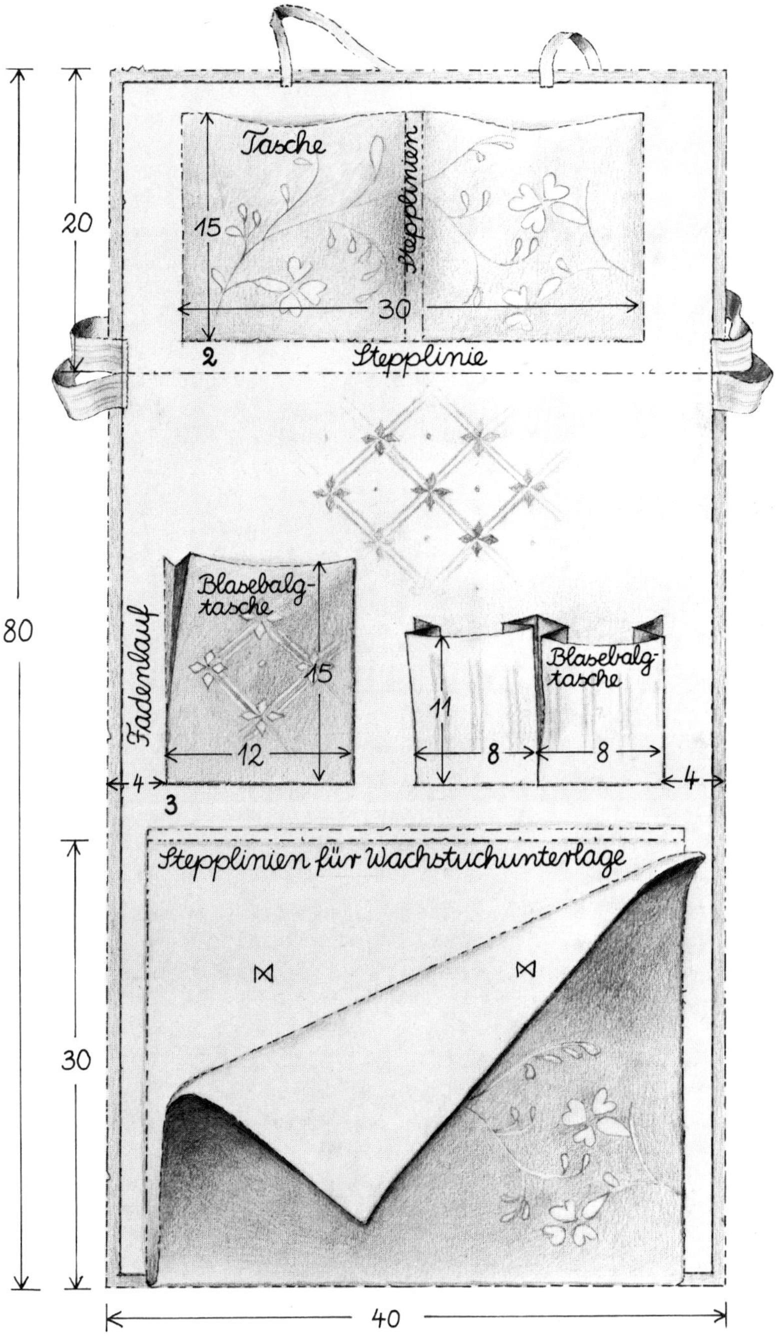
Tasche
15
Stepplinien
30
2
Stepplinie
20
80
Blasebalg-
tasche
15
12
Fadenlauf
11
8
8
Blasebalg-
tasche
4
4
3
Stepplinien für Wachstuchunterlage
30
40

Kurze Latzhose in Größe 62

Für Babys ersten Sommer: Eine praktische Hose aus Topflappenbaumwolle, die auch nach häufiger Wäsche noch die Form behält.

Material: *150 g gelbes Baumwollgarn (Lauflänge 87 m/50 g), 1 kurze Rundstricknadel Nr. 3 sowie 2 Knöpfe.*
Grundmuster: *Maschenzahl teilbar durch 8.* ***1., 3. und 5. Reihe/Runde:*** *re.* ***2. und 4. Reihe/Runde:*** *∗ 4 M. re., 4 M. li., ab ∗ fortlfd. wiederholen.* ***6. Reihe:*** *re. (in* ***Runden:*** *li.).* ***7.–12. Reihe/Runde:*** *wie die 1.–6. Rd., nur das Muster um 4 M. versetzen. Die 8. und 10. Reihe/Runde lauten also: ∗ 4 M. li., 4 M. re., ab ∗ fortlfd. wiederholen. Die 1.–12. Reihe/Runde fortlfd. wiederholen.*
Maschenprobe: *20 M. in der Breite und 37 R. in der Höhe ergeben 10 cm im Quadrat.*
Die ***Hose*** *wird in einem Stück gestrickt und an einem Bein begonnen. Dafür 48 M. anschlagen und in Hin- und Rückr. zu-*

(weiter Seite 30)

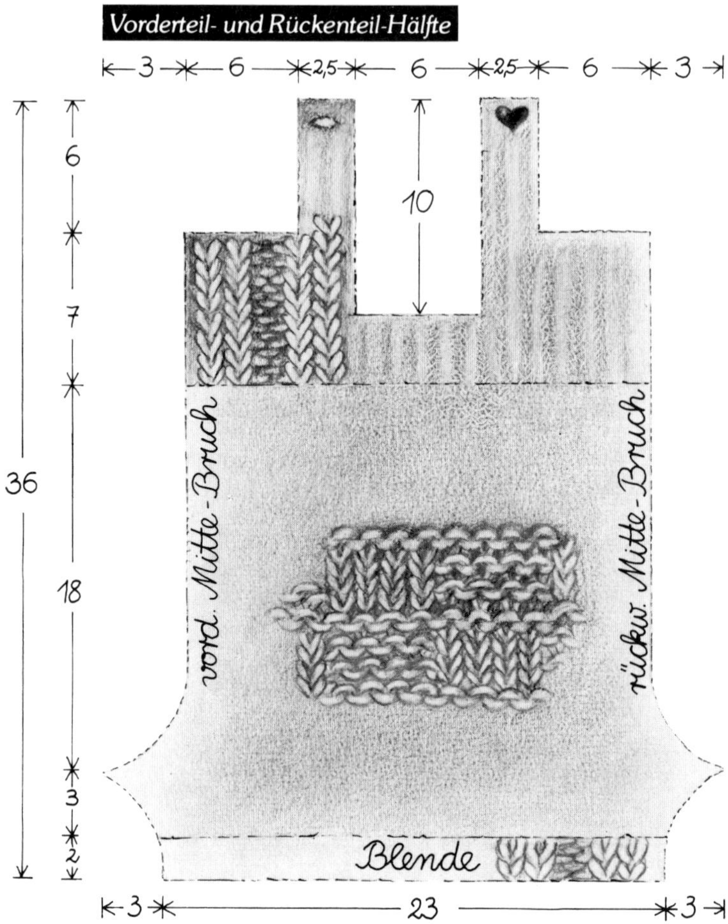

nächst für die Blende 2 cm im Rippenmuster (2 M. re., 2 M. li. im Wechsel) stricken. Dann im Grundmuster weiterarbeiten. Dabei für die Weite beidseitig in jeder 2. R. 4mal 1 M. und 1mal 2 M. zunehmen. Der Rapport des Grundmusters bezieht sich auf die 48 Anschlagm. Bei den Zunahmen muß das Muster in der 2., 4., 8. und 10. Musterr. entspr. fortgesetzt werden. Das ist wichtig, damit das Muster richtig zusammenpaßt, wenn später in Rd. gearbeitet wird. In der folg. 2. R. nach allen Zunahmen wieder M. für den Zwickel abnehmen. Dafür beidseitig je 2 M. und weiter in jeder 2. R. 2mal 1 M., dann in jeder 4. R. 2mal 1 M. abketten. Dieses Teil stilllegen und das zweite Bein genauso weit stricken. Nun beide Teile gemeinsam auf die Nadel nehmen und in Rd. weiterarbeiten. In 23 cm Gesamth. im Rippenmuster weiterstricken. In 26 cm Gesamth. die 48 M. des Vorderteiles stillegen, mit den übrigen 48 M. in Hin- und Rückr. den rückw. Latz stricken. Dabei für die Armausschnitte sofort beidseitig je 6 M. abketten, gerade weiterstricken. In 30 cm Gesamth. für den rückw. Ausschnitt die mittl. 24 M. abketten. Mit den übrigen 2mal 6 M. für die Träger jeweils bis 36 cm Gesamth. weiterarbeiten, die M. abketten. Den vord. Latz genauso beenden. Dabei in 35 cm Gesamth. in die Träger jeweils 1 Knopfloch einarbeiten, d. h. die mittl. 2 M. abk., in der folg. R. wieder anschlagen.
Ausarbeitung: *Die Beinnähte und die Zwickelnaht schließen. Knöpfe annähen.*

Baumwollpulli in Größe 62 und Sonnenhut

Für den Sommer schnell gestrickt ist dieser niedliche Pulli aus melierter Baumwolle. Durch den einfachen Schnitt mit angeschnittenen Ärmeln kommt das plastische Perlmuster besonders gut zur Geltung.

Pulli
Material: *150 g buntmeliertes Baumwollgarn (Lauflänge 175 m/50 g), ein Rest in Türkis derselben Stärke, Stricknadeln Nr. 3,5 sowie 4 Knöpfe.*
Grundmuster: *Perlmuster über 2 Reihen.* ***1. Reihe:*** *1 M. re., 1 M. li. im Wechsel.* ***2. Reihe:*** *die M. stricken wie sie erscheinen, re. M. re., li. M. li.* ***3. Reihe:*** *das Muster versetzen, also über die re. M. der Vorr. li. M., über die li. M. der Vorr. re. M. stricken.* ***4. Reihe:*** *die M. stricken wie sie erscheinen. Die 1.–4. Reihe fortlfd. wiederholen.*
Maschenprobe: *Es wird mit doppeltem Faden meliertem Baumwollgarn gearbeitet! 20 M. in der Breite und 32 R. in der Höhe ergeben 10 cm im Quadrat.*
Rückenteil: *44 M. mit dopp. Faden in meliertem Baumwollgarn anschlagen und zunächst für die Blende 1,5 cm kraus re. (Hinr. re., Rückr. re.) stricken. Dann im*

(weiter Seite 32)

Grundmuster weiterarbeiten. In 11 cm Gesamth. mit den Zunahmen für die Ärmel beginnen. Dafür beidseitig je 1 M. und weiter in der folg. 4. R. 1 M., dann in jeder 2. R. 1mal 1 M., 2mal 2 M. und 1mal 4 M. dazu anschlagen. Gerade weiterstricken. In 22 cm Gesamth. für den rückw. Halsausschnitt die mittl. 18 M. abketten und zunächst eine Schulter beenden. Dabei in der folg. 2. R. nochmals 3 M. abketten. In 23 cm Gesamth. die übrigen M. stillegen. Die zweite Schulter gegengleich genauso weit stricken.

Das **Vorderteil** bis 20 cm Gesamth. genau wie das Rückenteil stricken. Dann für den vord. Halsausschnitt die mittl. 10 M. abketten und zunächst eine Schulter beenden. Dabei weiter in jeder 2. R. 1mal 3 M., 1mal 2 M. und 2mal 1 M. abketten. In 23 cm Gesamth. die übrigen M. stilllegen. Die zweite Schulter gegengleich genauso weit stricken.

Ausarbeitung: Beim Rückenteil für die Blende aus dem Halsausschnitt 28 M. mit dopp. Faden in meliertem Garn herausstricken, beidseitig die stillgelegten Schulterm. mit auf die Nadel nehmen und wie folgt arbeiten: 1 R. (Rückr.) li. über alle M. stricken. Dann kraus re. weiterarbeiten, und zwar 2 R. in Türkis und 2 R. in Meliert. Dabei an den Ecken des Halsausschnittes in jeder Hinr. aus dem Querfaden der Vorr. 1 M. re. verschr. herausstricken. Nun die 21 M. der rechten Schulter abket-

Vorderteil und Rückenteil mit Ärmeln

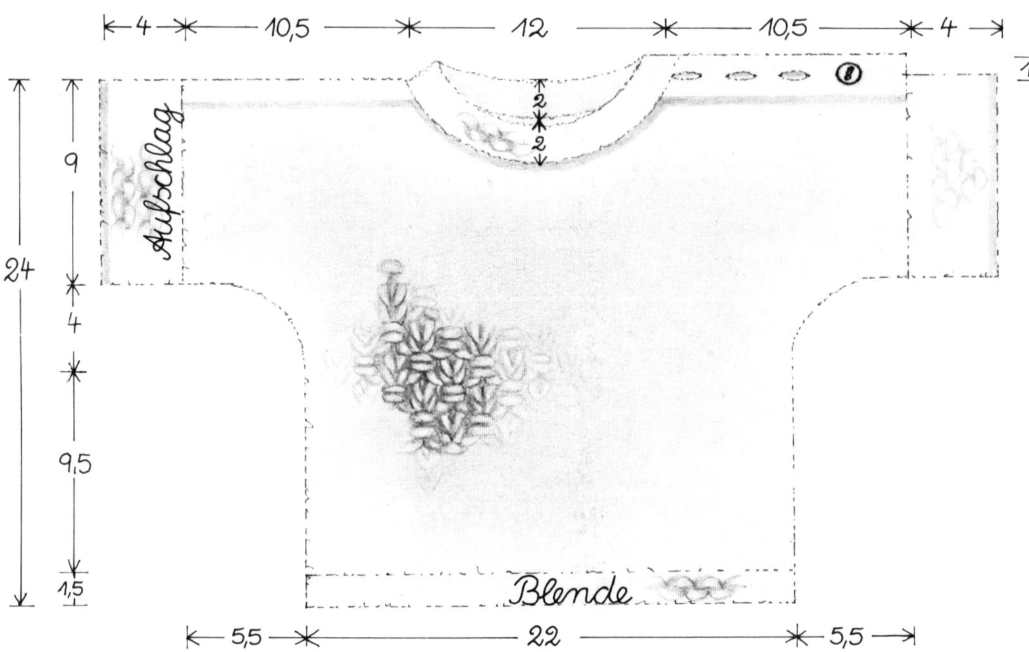

ten. Mit den übrigen M. weitere 2 R. kraus re. arbeiten, dann die M. abketten. Beim Vorderteil die Blende im Prinzip genauso arbeiten, jedoch am vord. Halsausschnitt 34 M. herausstricken. Außerdem auf der linken Schulter nach den 2 türkisfarb. R. gleichmäßig verteilt 4 Knopflöcher einstricken (s. Schema). Dafür jeweils 1 M. abketten und in der folg. R. wieder anschlagen. Die rechte Schulternaht schließen. Auf der linken Schulter die Verschlußblenden übereinanderlegen und an der äußeren Kante zusammennähen. Für die Ärmelaufschläge aus den Kanten jeweils 36 M. mit dopp. Faden in meliertem Garn herausstricken und 4 cm kraus re. arbeiten, dabei die letzten 2 R. in Türkis stricken, die M. abketten. Die Ärmel- und Seitennähte schließen. Die Knöpfe annähen.

Sonnenhut

***Material:** 50 g weißes Baumwollgarn (Lauflänge 87 m/50 g), 1 Nadelspiel Nr. 3,5.*

***Grundmuster: 1. Runde:** * 4 M. re., 1 Umschl., 1 M. abheben, 2 M. re. zus.-stricken und die abgeh. M. darüberziehen, 1 Umschl., 4 M. re., ab * fortlfd. wiederholen. **2. Runde:** re. Die 1. und 2. Rd. fortlfd. wiederholen.*

***Maschenprobe:** 22 M. in der Breite und 33 R. in der Höhe ergeben 10 cm im Quadrat.*

*Der fertige **Sonnenhut** hat eine Kopfweite von 40 cm und wird an der Krempe begonnen. Dafür 133 M., verteilt auf 4 Nadeln, anschlagen, zur Runde schließen und zunächst kraus re. (1 Rd. re., 1 Rd. li. im Wechsel) arbeiten. Dabei in der 3. Rd. mit den Abnahmen beginnen, d. h. 7mal jede 18. und 19. M. re. zus.stricken. Diese Abnahmen an den gleichen Stellen noch 5mal in jeder folg. 2. Rd. wiederholen, also zunächst jede 17. und 18. M., jede 16. und 17. M. usw. re. zus.str. Nach diesen Abnahmen in der folg. Rd. 3mal jede 29. und 30. M. li. zus.str. (88 M.). Nun im Grundmuster weiterarbeiten. In 9 cm Gesamth. mit den Abnahmen für die Kopfform beginnen, d. h. in der folg. Rd. 8mal in jedem glatt re. gestrickten Teil die beiden Mittelm. bzw. die Mittelm. mit der davorliegenden M. re. zus.str. (im 8. Teil werden die M. am Anfang und Ende der Rd. zus.gestrickt). Diese Abnahmen 4mal in jeder folg. 3. Rd., anschließend 3mal in jeder 2. Rd. wiederholen. Die letzten 24 M. mit dem Endfaden zusammenziehen.*

Häkeljacke und Mütze in Größe 68

Flauschiges für süße Mädchen: Angorareste in vielen Rot- und Rosatönen werden nach einem geraden Schnitt ganz einfach verhäkelt.

Material: *180 g Angorawolle (Lauflänge 96 m/20 g), d. h. je 40 g in Rot und Zyklam und je 20 g in Pink, Weiß, Natur, Lachs und Flieder oder Reste gleicher Stärke sowie 1 Häkelnadel Nr. 3,5.*
Grundmuster: *Stäbchen, Muster s. Schemazeichnung.*
Farbfolge: ** je 1 R. in Pink, Weiß, Rot, Zyklam, Natur, Lachs, Rot, Zyklam, Flieder, Pink, Rot, Zyklam, Natur, Lachs, Rot, Zyklam, ab * wiederholen.*
Maschenprobe: *16 Stb. in der Breite und 11 R. in der Höhe ergeben 10 cm im Quadrat.*

Rücken- und Vorderteile *werden bis zu den Armausschnitten in einem Stück gehäkelt. Dafür 83 Lftm. plus 2 Lftm., sie ersetzen das 1. Stb. am Anfang jeder R., in Pink anschlagen und in Hin- und Rückr. nach der Schemazeichnung und der angegebenen Farbfolge arbeiten. In 13 cm Gesamth. für das Rückenteil nur über die mittleren 36 Stb. weiter gerade hocharbeiten. In 23 cm Gesamth. für den rückw. Halsausschnitt die mittleren 14 Stb. liegenlassen und zunächst eine Schulter mit 2 R. beenden. Dabei in der 2. R. nur über 9 Stb. häkeln. Die zweite Schulter gegengleich arbeiten. Nun ein Vorderteil mit gleich vielen R. wie das Rückenteil beenden. Dafür über 18 Stb. gerade hocharbeiten. In 20 cm Gesamth. für den vord. Halsausschnitt 4 Stb. liegenlassen und bis*

(weiter Seite 36)

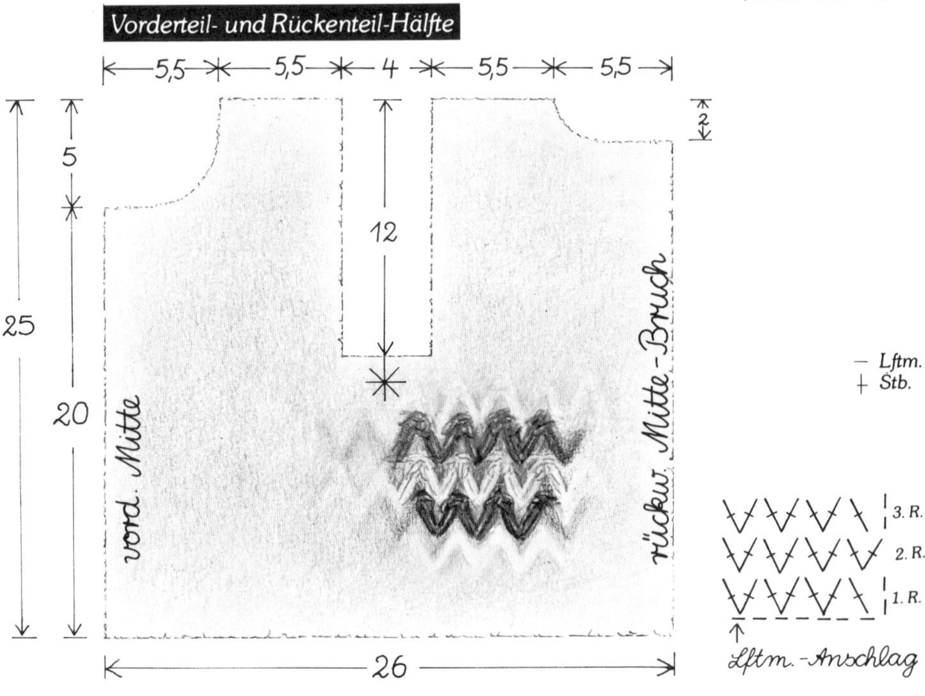

zur Schulter noch 5 R. häkeln, d. h. in der 1. R. über 14 Stb., in der 2. R. über 12 Stb., in der 3. R. über 10 Stb. und in der 4. und 5. R. über je 9 Stb. Das zweite Vorderteil gegengleich beenden.

Ärmel: 33 Lftm. plus 2 Lftm. in Pink anschlagen und in Hin- und Rückr. nach der Schemazeichnung und der angegebenen Farbfolge arbeiten. Gleichzeitig für die Weite 3mal am Anfang und Ende jeder 3. R. 1 Stb. zunehmen. In 13 cm Gesamth. den Ärmel beenden. Den zweiten Ärmel genauso häkeln.

Mütze: 57 Lftm., plus 2 Lftm., in Pink anschlagen und in Hin- und Rückr. nach der Schemazeichnung und der angegebenen Farbfolge häkeln. In 11 cm Gesamth. für das rückw. Mützenteil nur über die mittleren 16 Stb. noch 14 R. weiterarbeiten. Dabei für die Rundungen am Anfang und Ende der 2. R. 2 Stb. und 3mal in jeder folg. R. 1 Stb. zunehmen. Ab der 12. R. nur über die mittleren 22 Stb. arbeiten.

Ausarbeitung: Die Schulternähte und die Ärmelnähte bis * schließen. Die Ärmel * an * einnähen. Den Halsausschnitt mit 1 R. fe. M. in Zyklam umhäkeln. An der Mütze die Nähte schließen. Für den Durchzug an die untere Kante in Zyklam 1 R. fe. M. arbeiten. In der nächsten R. 1 Stb. und 1 Lftm. im Wechsel häkeln, wobei stets 1 M. der Vorr. übergangen wird. Nun ein Bindeband in Zyklam arbeiten. Dafür 120 Lftm. anschlagen, darüber 1 R. fe. M. häkeln und das Band durch die Stb.-R. ziehen.

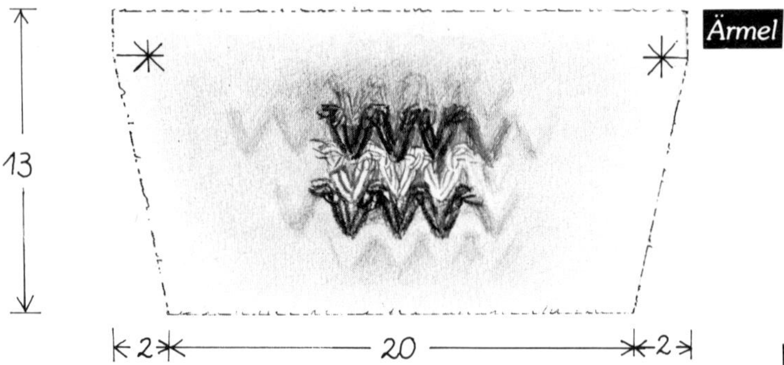

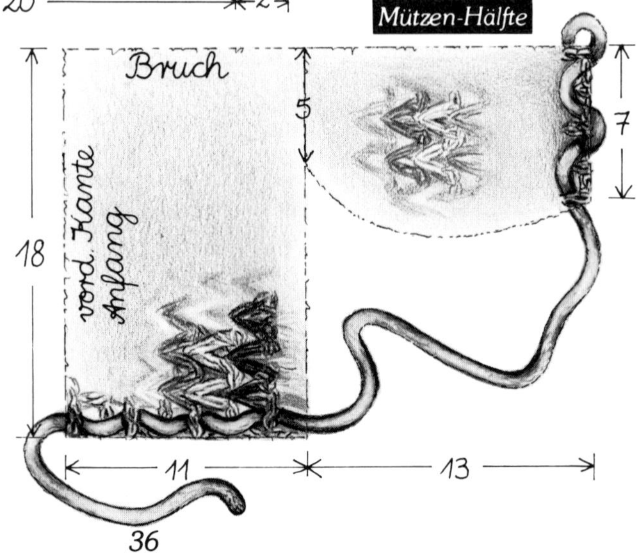

Baumwolldecke mit Kapuze und Wärmflaschenhülle

Damit das Baby nach dem Baden gleich warm verpackt ist: Eine Decke mit angestrickter Kapuze aus Baumwolle, als Hülle für die Wärmflasche eine gestrickte Landschaft mit Schaf.

Decke *(Foto Seite 38)*
Material: *500 g weißes und 200 g türkisfarb. Baumwollgarn (Lauflänge 92 m/ 50 g) und 1 Rundstricknadel Nr. 4.*
Grundmuster: *kraus re. (Hinr. re., Rückr. re., in Runden: 1 Rd. re., 1 Rd. li. im Wechsel)*
Maschenprobe: *19 M. in der Breite und 35 R. in der Höhe ergeben 10 cm im Quadrat.*
Die fertige **Decke** *ist 90x90 cm groß. Sie wird an einer Ecke begonnen und diagonal gestrickt. Dafür 3 M. in Weiß anschlagen und in Hin- und Rückr. im Grundmuster arbeiten. Dabei wie folgt M. zunehmen: in der 1. und jeder weiteren ungeraden R. stets nach der 1. M. und vor der letzten M. 1 Umschl. aufnehmen. In den geraden R. diese Umschl. re. verschr. abstricken. In dieser Weise bis zu einer Seitenlänge von 84 cm weiterarbeiten. Dann mit den Abnahmen beginnen, d. h. jetzt am Anfang jeder R. 2 M. re. zus.stricken. So weit arbeiten, bis noch 85 M. auf der Nadel sind, dann in Türkis wie gewohnt weiterstricken. Die letzten 3 M. gemeinsam abketten. Für die* **Kapuze** *85 M. in Türkis anschlagen und in Hin- und Rückr. im Grundmuster arbeiten. Dabei am Anfang jeder R. 2 M. re. zus.stricken, die letzten 3 M. gemeinsam abketten. Dann für die Blende aus der Kante insgesamt 640 M. (160 M. je Seite) in Türkis herausstricken. Dabei die Kapuze auf die türkisfarb. Ecke legen und die M. aus beiden Teilen zusammen herausstricken. In Rd. im Grundmuster (1 Rd. re., 1 Rd. li. im Wechsel) arbeiten, an den Ecken jedoch je 1 M. glatt re. (in jeder Rd. re.) hochlaufen lassen. Außerdem in jeder 2. Rd. vor und nach jeder Eckm. 1 Umschl. aufnehmen und in der folg. Rd. re. stricken. In 3 cm Blendenhöhe die M. abketten.*

Wärmflaschenhülle
Material: *je 50 g lilafarbenes und blaugrünes Baumwollgarn (Lauflänge 85 m/50 g) und ein Rest weiße Angorawolle, Baumwollstickgarn in verschiedenen Rosatönen sowie Stricknadeln Nr. 4.*

(weiter Seite 39)

Grundmuster I: *Maschenzahl teilbar durch 6.* **1. Reihe:** *3 M. re., 3 M. li. im Wechsel.* **2. und jede weitere Rückreihe:** *li.* **3. Reihe:** *3 M. li., 3 M. re. im Wechsel. Die 1.–4. Reihe fortlfd. wiederholen.*
Grundmuster II: *glatt re. (Hinr. re., Rückr. li.).*
Maschenprobe: *18 M. in der Breite und 27 R. in der Höhe ergeben 10 cm im Quadrat.*
Die **Hülle** *wird in 2 Teilen von unten nach oben gestrickt (Größe der Wärmflasche ca. 18x30 cm). 24 M. in Blaugrün anschlagen und im Grundmuster I stricken. Dabei für die Rundung beidseitig 6mal in jeder 2. R. je 1 M. zunehmen (36 M.). In 6 cm Höhe noch 1 Hinr. nur re. stricken, dann in Lila im Grundmuster II weiter gerade hocharbeiten. Dabei sofort in der Mitte mit dem Einstricken des weißen Schafes beginnen. Die weiße Angorawolle doppelt nehmen und nach der Zeichnung arbeiten. (Das Schema zeigt das Maschenbild der rechten Seite, d. h. in den Rückr. müssen die re. gezeichneten Maschen li., die li. gezeichneten Maschen re. gestrickt werden.) Dabei wird für die lila Fläche zu beiden Seiten je 1 extra Knäuel verwendet, es wird also mit 3 Knäulen gleichzeitig gestrickt. Bei jedem Farbwechsel in einer R. verkreuzt man die beiden Fäden auf der Rückseite miteinander, damit eine feste Verbindung entsteht. Ab 18 cm Gesamth. für die Schrägung des Flaschenhalses beidseitig 8mal in jeder 2. R. je 1 M. abnehmen (20 M.). Anschließend für die Lochkante in einer Hinr. abwechselnd 2 Maschen re. zus.stricken, 1 Umschl. aufnehmen. Jetzt noch 4 cm glatt re., anschließend 1,5 cm kraus re. (Hinr. re., Rückr. re.) stricken. Die Maschen abketten. Das zweite Teil genauso arbeiten.*
Ausarbeitung: *Auf die oberste blaugrüne R. in unregelmäßigen Abständen einzelne M. als Gras im Maschenstich aufstikken. Die Schnauze in rosa Baumwollgarn im Maschenstich (s. Zeichnung), die Sterne in verschiedenen Rosatönen in beliebiger Anordnung im Sternstich aufsticken. Die beiden Teile zusammennähen. Eine 50 cm lange Kordel in Lila anfertigen und durch die Lochkante ziehen.*

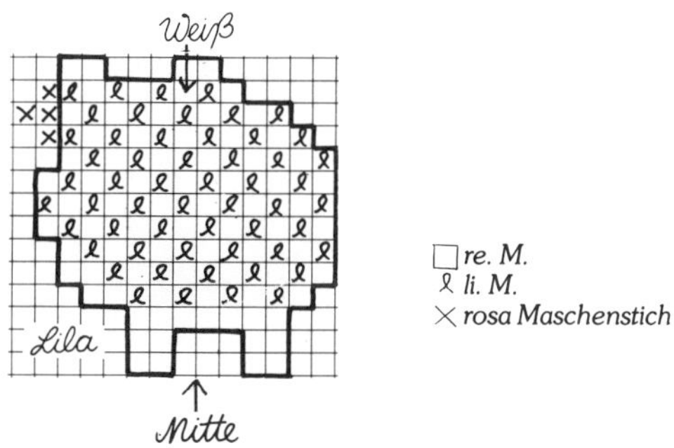

Mohairgarnitur in Größe 68 und Decke

Komplett besonders schön – aber auch Jacke, Mütze, Hose oder Decke allein sind das Nachstricken wert. Die langhaarige Mohairwolle wärmt besonders gut. Es gibt sie in vielen schönen Farben, so daß man die Garnitur auch in anderen Farbkombinationen stricken kann.

Material: *Für die Jacke, Hose und Mütze 200 g rosa und 50 g blaue Mohairwolle, für die Decke 500 g naturfarb. und 100 g rosa Mohairwolle (Lauflänge 100 m/ 50 g), 1 Rundstricknadel und 1 Nadelspiel Nr. 5 sowie 2 Knöpfe.*
Grundmuster: *kraus re. (Hinr. re., Rückr. re., in Rd.: 1 Rd. re., 1 Rd. li. im Wechsel).*
Maschenprobe: *13 M. in der Breite und 24 R. in der Höhe ergeben 10 cm im Quadrat.*

Jacke

*Die **Jacke** wird in einem Stück quer gestrickt und am Ärmel begonnen. Dafür 22 M. mit der Rundstricknadel in Blau anschlagen und in Hin- und Rückr. zunächst für den Umschlag 8 cm gerade hochstrikken. Dann in Rosa weiterarbeiten. Dabei für die Weite sofort und noch 4mal in jeder 6. R. beidseitig je 1 M. zunehmen. In 20 cm Gesamth. für Rücken- und Vorderteil beidseitig je 21 M. dazu anschlagen. Gerade weiterstricken. In 27 cm Gesamth. die Arbeit für den Halsausschnitt in*

(weiter Seite 42)

Jacke - Vorderteil- und Rückenteil-Hälfte mit Ärmel

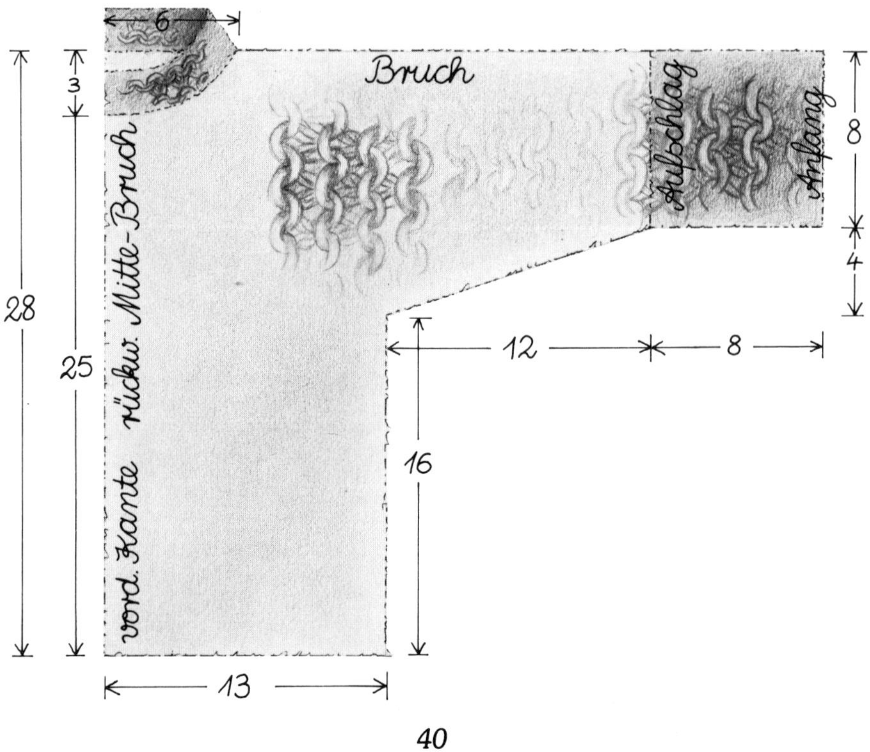

der Mitte teilen, d. h. 37 M. für das Vorderteil auf einer Hilfsnadel stillegen. Mit den übrigen 37 M. zunächst am Rückenteil weiterstricken. In 33 cm Gesamth. ist die rückw. Mitte erreicht, hier die M. stillegen.

Nun das Vorderteil genauso weit stricken. Dabei für den vord. Halsausschnitt sofort und noch 2mal in jeder 2. R. und 1mal in der folg. 4. R. je 1 M. abketten. Gerade weiterstricken. In 33 cm Gesamth. die üb-

Hose-Vorderteil- und Rückenteil-Hälfte

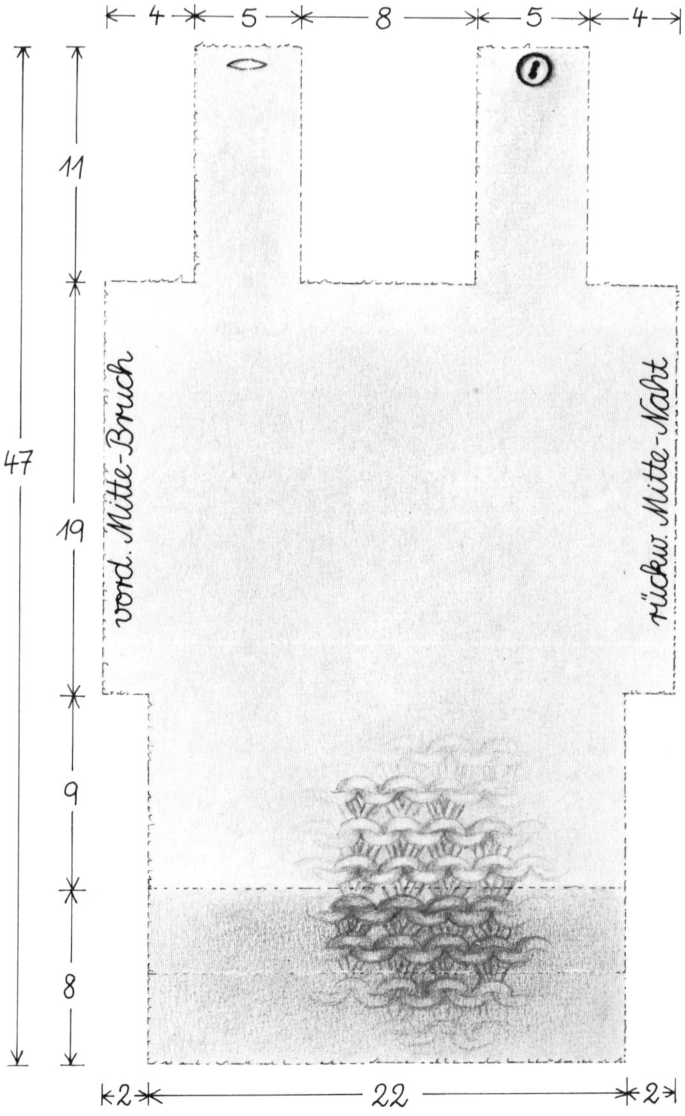

rigen 33 M. abketten. Nun für die zweite Vorderteil-Hälfte 33 M. neu anschlagen und die Jacke gegengleich beenden. Dabei werden alle Abnahmen zu Zunahmen, alle Zunahmen zu Abnahmen.

Hose

Die ***Hose*** *wird von unten nach oben gestrickt und an einem Bein begonnen. Dafür 28 M. mit der Rundstricknadel in Blau anschlagen und in Hin- und Rückr. zunächst für den Umschlag 8 cm gerade hocharbeiten. Dann in Rosa weiterstrikken. In 17 cm Gesamth. für die Weite beidseitig je 3 M. dazu anschlagen, dann das Teil stillegen. Das zweite Bein genauso weit stricken. Nun beide Teile gemeinsam auf die Nadel nehmen und in Rd. weiterarbeiten. In 36 cm Gesamth. das Strickstück in Rücken- und Vorderteil teilen, d. h. die 34 M. des Vorderteiles auf einer Hilfsnadel stillegen. Mit den übrigen M. wie folgt weiterarbeiten: Beidseitig die äußeren 5 M. und die mittl. 10 M. abketten. Mit den übrigen zweimal 7 M. für die Träger jeweils noch 11 cm stricken, dabei in 10 cm Trägerhöhe ein Knopfloch arbeiten (die mittl. M. abketten und in der folg. R. wieder anschlagen), die M. abketten. Mit den M. des Vorderteiles genauso verfahren, die Träger jedoch ohne Knopflöcher 11 cm hoch arbeiten.*

Mütze

Die ***Mütze*** *wird in Rd. gestrickt und am Rand begonnen. Dafür 48 M. mit dem Nadelspiel (12 M. je Nadel) in Blau anschlagen, zur Rd. schließen und im Grundmuster zunächst für den Rand 7 cm stricken. Dann in Rosa weiterarbeiten. In 12 cm Gesamth. mit den Abnahmen für die Kopfform beginnen. Dafür in einer re. Rd. jede 5. und 6. M. re. zus.stricken. Diese Abnahmen in jeder folg. 2. Rd. an den gleichen 8 Stellen wiederholen, also zunächst jede 4. und 5. M., weiter jede 3. und 4. M. usw. re. zus.stricken. Die letzten 8 M. mit dem Endfaden zusammenziehen.*

Ausarbeitung: *Die Ärmel- und Seitennähte der Jacke schließen. Für die Blende aus dem Halsausschnitt 48 M. in Blau herausstricken und in Hin- und Rückr. 2 cm im Grundmuster arbeiten, die M. abketten. Die Beinnähte und die Zwickelnaht der Hose schließen. Die Knöpfe annähen.*

Decke

Die ***Decke*** *ist ca. 100x100 cm groß. Sie wird diagonal gestrickt und an einer Ecke begonnen. Dafür 3 M. in Natur anschlagen und in Hin- und Rückr. im Grundmuster arbeiten. Dabei wie folgt M. zunehmen: In der 1. und jeder weiteren ungeraden R. stets nach der 1. M. und vor der letzten M. 1 Umschl. aufnehmen, diese Umschl. in den geraden R. re. verschr. abstricken. Bis 97,5 cm Seitenlänge arbeiten, dann mit den Abnahmen beginnen, d. h. jetzt am Anfang jeder R. stets 2 Maschen re. zus.stricken. Die letzten 3 Maschen gemeinsam abketten. Für die Blende aus allen 4 Seiten je 130 Maschen in Rosa herausstricken und in Rd. im Grundmuster arbeiten. Dabei für die Ecken in jeder re. Rd. jeweils vor und nach jeder Eckm. aus dem Querfaden der Vorrd. 1 M. re. verschr. herausstricken. Ab 2,5 cm Höhe in jeder re. Rd. an den Ecken die 3 mittl. Maschen re. zus.stricken. In 5 cm Blendenhöhe die M. abketten.*

Ausarbeitung: *Die Blende zur Hälfte umbiegen und annähen.*

Strampelsack in Größe 68 bis 74

Hält bei der Ausfahrt in Wagen oder Karre schön warm: Ein Strampelsack aus Naturwolle mit eingestricktem Muster aus farbigem Mohair.

Material: *300 g beigefarb. Naturwolle (Lauflänge 57 m/50 g) und Mohairwollreste in Blau, Grün, Zyklam, Lila und Rot (Lauflänge 80 m/50 g), je 1 kurze Rund-*

(weiter Seite 46)

Vorderteil und Rückenteil

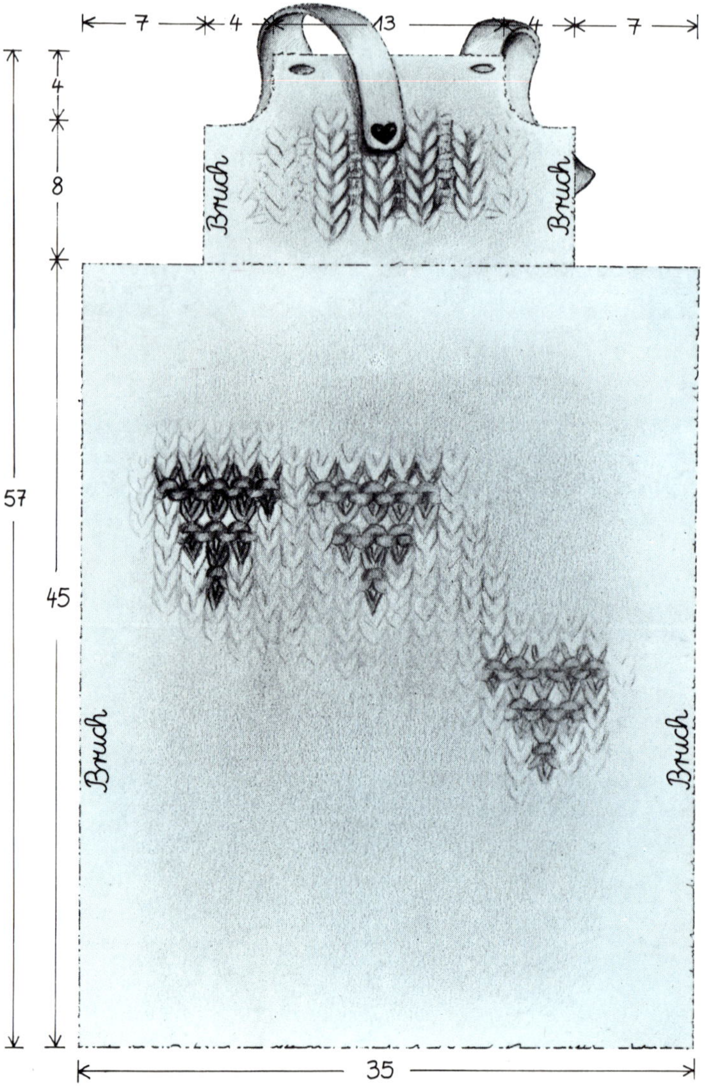

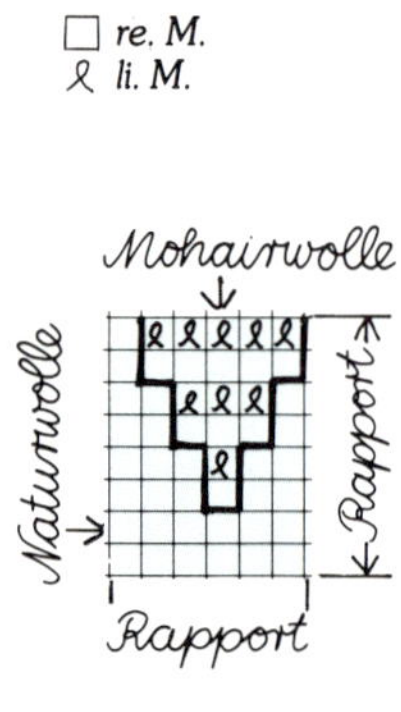

stricknadel Nr. 5 und Nr. 6 sowie 2 Knöpfe.
Grundmuster: *glatt re. (hier in Rd. nur re.) in Naturwolle, dabei das Dreiecksmuster in Mohairwolle kraus re. (1 Rd. re., 1 Rd. li. im Wechsel) nach dem Schema einstricken. Maschenzahl teilbar durch 6.*
Farbfolge der Dreiecke: ** Blau, Grün, Zyklam, Lila und Rot, ab * 1mal wiederholen und noch 1 Rapport Dreiecke in Blau.*
Maschenprobe: *16 M. in der Breite und 20 R. in der Höhe ergeben 10 cm im Quadrat.*
*Der **Strampelsack** wird in Runden von unten nach oben gestrickt. Dafür 114 M. mit Nadel Nr. 6 in Naturwolle anschlagen, zur Rd. schließen und im Grundmuster und der angegebenen Farbfolge gerade hochstricken. In 45 cm Gesamth. für die Passe nur mit Naturwolle und Nadel Nr. 5 im Rippenmuster (1 M. re., 1 M. li. im Wechsel) weiterarbeiten. Dabei für die geringere Weite in der 1. Rd. jede 3. und 4. M. zus.stricken. In 8 cm Passenhöhe für den vord. und rückw. Latz die Arbeit in 2 gleiche Teile teilen, d. h. 43 M. auf einer Hilfsnadel stillegen. Mit den übrigen 43 M. in Hin- und Rückr. zunächst den vord. Latz beenden. Dabei für die Armausschnitte beidseitig sofort 4 M. und weiter in jeder 2. R. 3mal 1 M. abketten, gerade hochstricken. In 11 cm Passenhöhe 2 Knopflöcher einarbeiten (s. Schnittschema), d. h. jeweils 1 M. abketten und in der folg. R. wieder anschlagen. In 12 cm Passenhöhe die M. abketten. Den rückw. Latz bis 12 cm Passenhöhe ohne Knopflöcher genauso stricken. Dann die mittl. 19 Maschen abketten, für die Träger beidseitig mit den äußeren 5 Maschen noch jeweils 15 cm stricken, die Maschen abketten. Den Strampelsack unten zunähen und die Knöpfe an die Träger nähen.*

Ringelmütze

Als Schutz gegen pralle Sonne braucht das Baby ein Mützchen aus Baumwolle. Dieses lustig geringelte ist gut zum Resteverwerten geeignet.

Material: *insgesamt 50 g Baumwollgarnreste (Lauflänge 87 m/50 g) in Pink, Rosa, Grün und Blau, 1 Nadelspiel Nr. 3.*
Grundmuster: *glatt re. (hier in Runden nur re.).*
Farbfolge: ** je 4 Rd. in Rosa, Grün, Blau und Pink, ab * fortlfd. wiederholen.*
Maschenprobe: *22 M. in der Breite und 32 R. in der Höhe = 10 cm im Quadrat.*
*Die fertige **Mütze** hat eine Kopfweite von 40 cm. Dafür 88 M., verteilt auf 4 Nadeln, in Pink anschlagen, zur Runde schließen und im Grundmuster 10 Rd. stricken. Dann in der angegebenen Farbfolge weiterarbeiten. In 8 cm Gesamth. mit den Abnahmen für die Kopfform beginnen, d. h. in der folg. Rd. 8mal jede 10. und 11. M. re. zus.stricken. Diese Abnahmen an den gleichen Stellen 2mal in jeder folg. 5. Rd., anschließend 4mal in jeder 2. Rd. und 3mal in jeder Rd. wiederholen, also zunächst jede 9. und 10. M., jede 8. und 9. M. usw. re. zus.stricken Die letzten 8 Maschen mit dem Endfaden zusammenziehen.*

Hose mit Pünktchenmuster in Größe 68

Über und über mit kleinen Punkten versehen ist diese Latzhose aus glatter Wolle. Damit sie schön wärmt, sind die Socken gleich angestrickt.

Material: *200 g fliederfarb. und 50 g rote Sportwolle (Lauflänge 85 m/50 g), 1 kurze Rundstricknadel und 1 Nadelspiel Nr. 4 sowie 2 Knöpfe.*
Grundmuster: *glatt re. (Hinr. re., Rückr. li., in Runden nur re.), Pünktchenmuster s. Schemazeichnung, Maschenzahl teilbar durch 8.*
Maschenprobe: *19 M. in der Breite und 24 R. in der Höhe ergeben 10 cm im Quadrat.*
*Die **Hose** wird in einem Stück gearbeitet und mit einem Bein begonnen (die Socken strickt man zuletzt an). Dafür 48 M. in Flieder mit der Rundstricknadel anschlagen und in Hin- und Rückr. im Grundmuster arbeiten. Dabei in der 3. R. mit dem Einstricken des Pünktchenmusters beginnen und nach der Schemazeichnung den Rapport in der Breite und Höhe fortlfd. wiederholen. In 8 cm Gesamth. für die Weite beidseitig je 1 M. zunehmen. Diese Zunahmen noch 1mal in der folg. 8. R., dann 2mal in jeder 6. R. und 1mal in der folg. 2. R. wiederholen. Nach weiteren 2 R. ist eine Gesamth. von 18 cm erreicht. Hier für den Zwickel beidseitig je 2 M. und weiter in jeder 2. R. 3mal 1 M. abketten. Das Teil stillegen und das zweite Bein genauso weit arbeiten. Auch das Pünktchenmuster genauso (nicht gegengleich) einstricken, damit es sich in Rd. richtig fortsetzt. Nun beide Teile auf die Nadel nehmen und in Rd. weiterarbeiten. In 25 cm Gesamth. für die Passe nur mit fliederfarb. Wolle im Rippenmuster (2 M. re., 2 M. li. im Wechsel) weiterstricken. In 38 cm Gesamth. die 48 M. für die vord. Passe auf einer Hilfsnadel stillegen, mit den übrigen 48 M. zunächst die rückw. Passe beenden. Dabei für die Armausschnitte beidseitig sofort je 8 M. abketten und in Hin- und Rückr. weiterarbeiten. In 42 cm Gesamth. für den rückw. Halsausschnitt die mittl. 16 M. abketten. Mit den übrigen 2mal 8 M. für die Träger noch bis 48 cm Gesamth. weiterarbeiten, die M. abketten. Die vord. Passe genauso beenden. Dabei in die Träger in 47 cm Gesamth. je 1 Knopfloch einarbeiten, d. h. die mittl. 2 M. abketten und in der folg. R. wieder anschlagen. Die Beinnähte und die Zwickelnaht schließen. Für den Socken aus der unteren Kante des rechten Hosenbeines mit dem Nadelspiel insgesamt 36 M. (9 M. je Nadel) herausstricken. Dabei an der Beinnaht beginnen und mit der 1. und 2. Nadel die M. bis zur seitlichen Bruchlinie, mit der 3. und 4. Nadel von der seitlichen Bruchlinie wieder bis zur Beinnaht herausstricken. Es wird in Rd. im Grundmuster nur in Flieder gearbeitet. In der 2. Rd. für den Kordeldurchzug eine Lochrd. stricken, d. h. abwechselnd 2 M. re. zus.stricken, 1 Umschl. aufnehmen. In der folg. Rd. die Umschl. wieder re. abstricken. Dann mit der Ferse beginnen. Dafür zunächst nur mit der 1. und 2. Nadel insgesamt 10 Hin- und Rückr. arbeiten. Anschließend diese 18 M. in 3 Teile teilen und in der folg. Hinr. die ersten 11 M. stricken. Die 12. M. (letzte M. des mittl. Drittels) abheben, die folg. M. (erste M. des 3. Drittels) re. stricken und die abgehobene M. darüberziehen. Die Arbeit wenden, dadurch entsteht eine Lücke. Nun die 1. M. li. abheben, 4 M. zurück-*

(weiter Seite 50)

stricken, 2 M. li. zus.stricken (die letzte M. des mittl. Drittels und die 1. M. des ersten Drittels). Die Arbeit wenden, die 1. M. re. abheben und re. weiterstricken bis 1 M. vor die Lücke. Jetzt stets in den Hinr. die M. vor der Lücke abheben, die folg. M. re. und die abgehobene M. darüberziehen, in den Rückr. die M. vor und nach der Lücke li. zus.stricken, bis die M. der äußeren Drittel aufgebraucht sind. Für die Verbindung von Ferse und Spann 6 Randm. beidseitig der Ferse aufnehmen. Diese insgesamt 18 M. gleichmäßig auf die 1. und 2. Nadel verteilen und für den Fuß 6,5 cm mit allen 4 Nadeln wieder in Rd. weiterarbeiten. In der nächsten Rd. mit den Abnahmen für die Spitze beginnen. Dafür bei der 1. und 3. Nadel jeweils die 2. M. abheben, die folg. M. re. und die abgehobene M. darüberziehen, bei der 2. und 4. Nadel jeweils die 2. und 3. letzte M. re. zus.-stricken. Diese Abnahmen in jeder 2. Rd. genauso wiederholen, bis noch 2 M. auf jeder Nadel sind. Diese 8 M. mit dem Endfaden zusammenziehen. Den zweiten Socken genauso arbeiten, jedoch mit dem Herausstricken der M. an der äußeren Bruchlinie des Beines beginnen.

Ausarbeitung: *Auf die Oberseiten der Socken Pünktchen im Maschenstich aufsticken. Zwei ca. 55 cm lange rote Kordeln anfertigen und durch die Lochrd. ziehen. Die Knöpfe an die Träger nähen.*

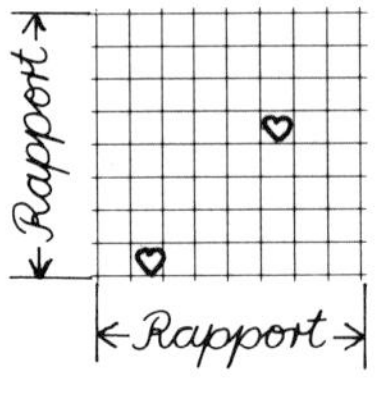

☐ Flieder
♡ Rot

Vorderteil- und Rückenteil-Hälfte

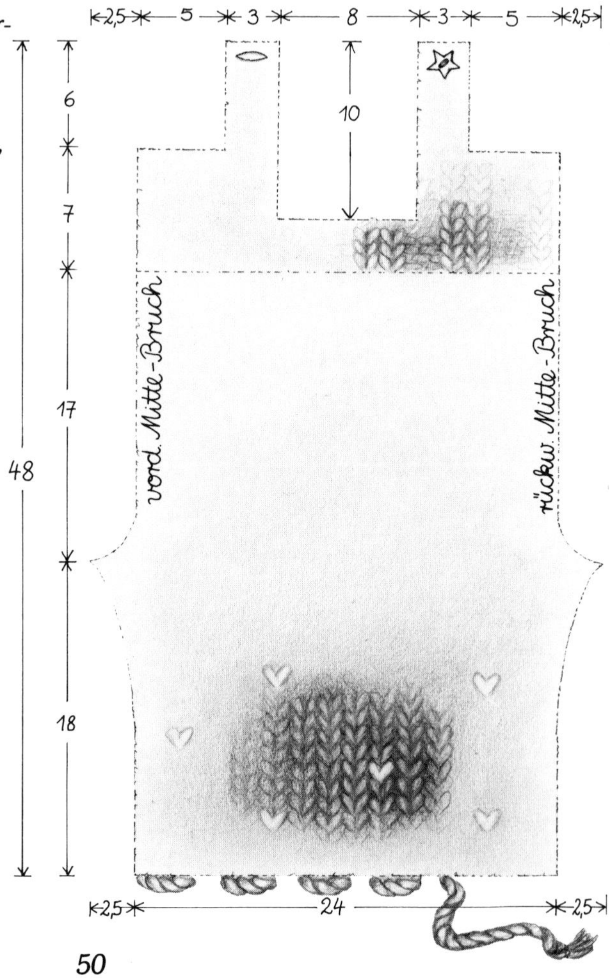

Wickelweste mit Ringelhose in Größe 68

Damit können Babys auf die erste Entdeckungsreise gehen: Die Wickelweste und die dazu passende Hose ist aus glatter Sportwolle schnell gestrickt (Foto Seite 53).

Material: *je 150 g pinkfarb. und naturfarb. Sportwolle (Lauflänge 85 m/50 g), Stricknadeln und 1 kurze Rundstricknadel Nr. 4 sowie 2 Knöpfe und Gummiband.*

Wickelweste
Grundmuster: *kraus re. (Hinr. re., Rückr. re.).*
Maschenprobe: *15 M. in der Breite und*
(weiter Seite 52)

Weste-Vorderteil- und Rückenteil-Hälfte

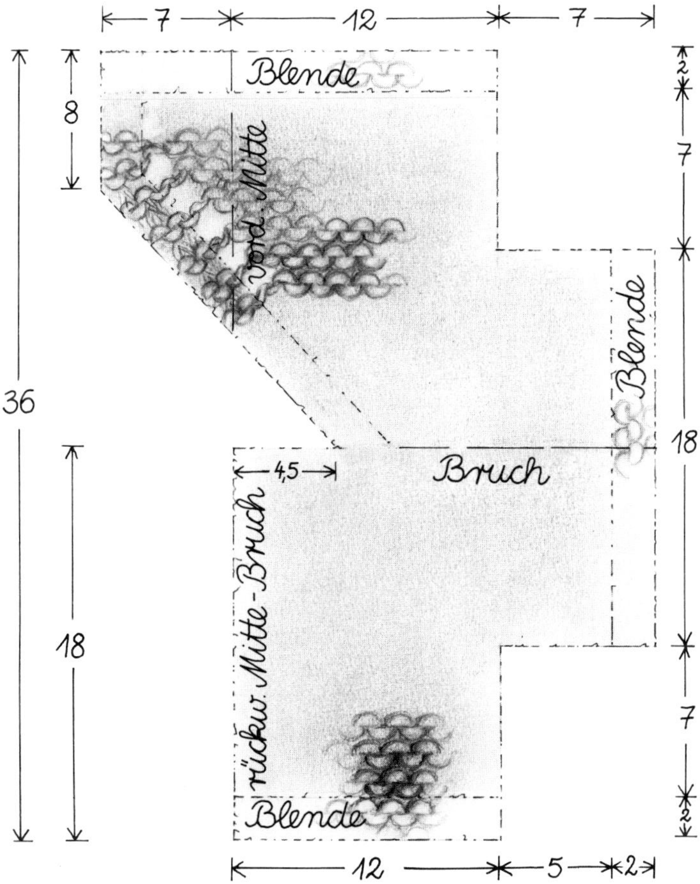

32 R. in der Höhe ergeben 10 cm im Quadrat.

Die **Weste** *wird in einem Stück ohne Schulternähte gestrickt und an der unteren rückw. Blende begonnen. Dafür 36 M. in Natur anschlagen und im Grundmuster zunächst für die Blende 2 cm stricken. Dann in Pink weiterarbeiten. In 9 cm Gesamth. für die Ärmel beidseitig je 8 M. dazu anschlagen, gerade weiterstricken. In 18 cm Gesamth. ist die Bruchlinie auf der Schulter erreicht. Hier für den rückw. Halsausschnitt die mittl. 14 M. abketten. Die 19 M. der linken Schulter stillegen, mit den 19 M. der rechten Schulter das Vorderteil beginnen. Dabei für die Schrägung der vord. Kante M. zunehmen, d. h. in der 3. R. (Hinr.) und noch 14mal in jeder folg. Hinr. vor der 3. letzten M. 1 Umschl. aufnehmen. Die Umschl. in den Rückr. re. abstricken, so daß jeweils ein Loch entsteht. Gleichzeitig in 27 cm Gesamth. für den Ärmel die äußeren 8 M. abketten. Nun für das gerade Stück der vord. Kante weiter in jeder Hinr. vor der 4. letzten M. 1 Umschl. aufnehmen und die 4. und 3. letzte M. re. zus.stricken. Die Umschl. wie gewohnt in den Rückr. re. abstricken. In 34 cm Gesamth. für die vord. untere Blende in Natur weiterarbeiten. In 36 cm Gesamth. die M. abketten. Das linke Vorderteil gegengleich stricken.*

Ausarbeitung: *Für die Ärmelblenden aus den Kanten jeweils 27 M. in Natur herausstricken und 2 cm im Grundmuster arbeiten, die M. abketten. Die Ärmel- und Seitennähte schließen. Die Knöpfe annähen. Als Knopflöcher dienen die Löcher neben der vord. Blende.*

Ringelhose

Grundmuster: *glatt re. (Hinr. re., Rückr. li., in Runden nur re.).*

Farbfolge: *∗ 1 Rd. in Natur, 1 Rd. in Pink, 1 Rd. in Natur, 1 Rd. in Pink, 1 Rd. in Natur, 1 Rd. in Pink, 7 Rd. in Natur, ab ∗ fortlfd. wiederholen.*

Maschenprobe: *17 M. in der Breite und 24 R. in der Höhe ergeben 10 cm im Quadrat.*

Die **Hose** *wird in einem Stück gestrickt und mit einem Bein begonnen. Dafür 41 M. in Pink anschlagen und in Hin- und Rückr. zunächst für die Blende 2 cm kraus re. (Hinr. re., Rückr. re.) stricken. Dann im Grundmuster in der angegebenen Farbfolge weiterarbeiten. Dabei für die Weite insgesamt 5mal in jeder 6. R. beidseitig je 1 M. zunehmen. In 15 cm Gesamth. beidseitig je 2 M. abketten und das Teil stilllegen. Das zweite Bein genauso weit stricken. Nun beide Teile auf die Nadel nehmen und die Hose in Rd. beenden. Dabei sofort mit den Abnahmen für den Zwickel beginnen, d. h. in der 1. Rd. bei beiden Beinen jeweils die 1. M. abheben, die folg. M. re. und die abgehobene M. darüberziehen, die letzten 2 M. re. zus.stricken. Diese Abnahmen genauso noch 4mal in jeder 2. Rd. wiederholen. Gerade hochstricken. In 35 cm Gesamth. für die Zackenkante*

(weiter Seite 54)

am Durchzug eine Lochrd. arbeiten, d. h. abwechselnd 2 M. re. zus.stricken, 1 Umschl. aufnehmen. Nun für den Beleg noch 2 cm in Natur im Grundmuster stricken, dann die M. abketten.

Ausarbeitung: Die Beinnähte und die kurze Zwickelnaht schließen. Den Beleg nach innen biegen und von links unsichtbar festnähen. Das Gummiband oben in die Hose einziehen.

Hose Vorderteil- und Rückenteil-Hälfte

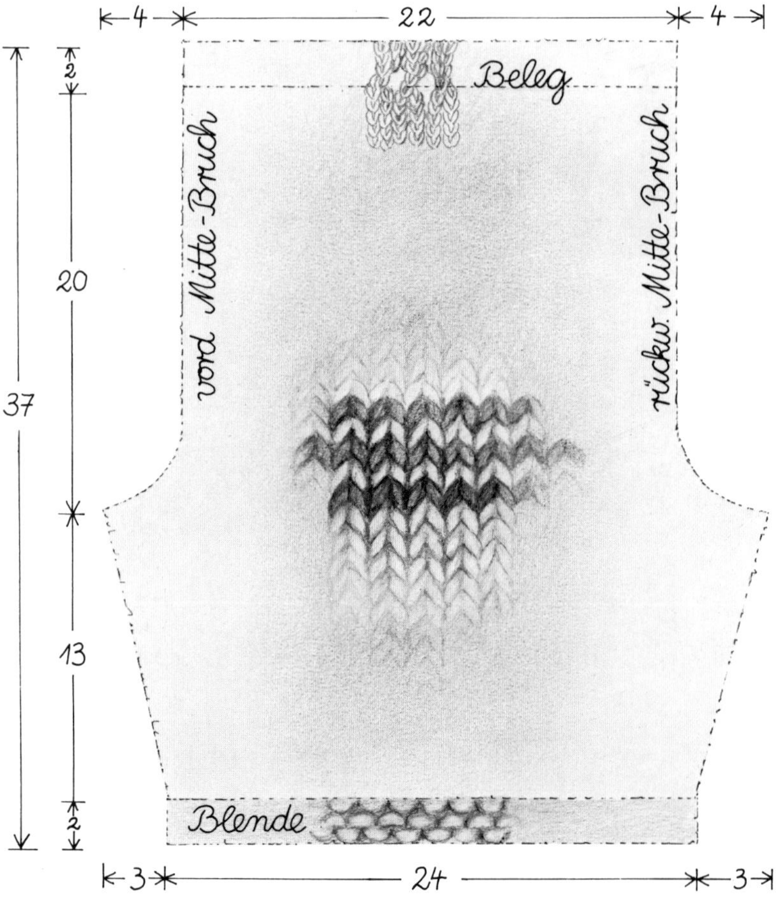

Hose mit Norwegermuster in Größe 68

Für den ersten Sommerausflug ist diese kurze Hose genau das richtige. Das Norwegermuster wird glatt rechts aus Sportwolle gestrickt (Foto Seite 56).

***Material:** 100 g rote Wolle (Lauflänge 85 m/50 g) und Reste gleicher Stärke in Aubergine und Pink, 1 Nadelspiel Nr. 3,5 und Gummiband.*
***Grundmuster:** glatt re. (Hinr. re., Rückr. li., in Rd. nur re.), Norwegermuster s. Schemazeichnung, Maschenzahl teilbar durch 6.*
***Maschenprobe:** 18 M. in der Breite und 22 R. in der Höhe ergeben 10 cm im Quadrat.*
*Die **Hose** wird von oben nach unten gestrickt und in Rd. begonnen. Dafür 84 M. (21 M. je Nadel) in Rot anschlagen, zur Rd. schließen und zunächst für den Beleg 2 cm im Grundmuster arbeiten. Dann für die Zackenkante eine Lochrd. stricken, d. h. abwechselnd 2 M. re. zus.stricken, 1 Umschl. aufnehmen. Anschließend im Grundmuster weiterarbeiten. In 6 cm Gesamth. mit dem Einstricken des Norwegermusters nach der Schemazeichnung beginnen. Den Rapport in der Rd. fortlfd. wiederholen, in der Höhe ist das gesamte Muster gezeichnet. In 15 cm Gesamth. in der rückw. und vord. Mitte mit den Zunahmen für den Zwickel beginnen. Dafür bei der 1. und 3. Nadel vor der letzten M., bei der 2. und 4. Nadel nach der 1. M. aus dem Querfaden der Vorrd. 1 M. re. verschr. herausstricken. Diese Zunahmen 2mal in jeder folg. 2. Rd. genauso wiederholen (beim Einstricken des Musters die zugenommenen M. unberücksichtigt lassen). Dann die Arbeit für die Beine in der rückw. und vord. Mitte teilen, d. h. man strickt jetzt nur mit der 2. und 3. Nadel in Hin- und Rückr. weiter (die übrigen M. stillegen). Dabei sofort für den Zwickel am Anfang der 2. Nadel und am Ende der 3. Nadel weitere 3 M. dazu anschlagen. In der folg. 2. R. mit den Abnahmen für das Bein beginnen, d. h. am Anfang der 2. Nadel und am Ende der 3. Nadel je 2 M., anschließend 4mal in jeder 2. R. je 1 M. ab-*

(weiter Seite 57)

ketten. Gerade weiterstricken. Gleichzeitig das Norwegermuster entspr. der Schemazeichnung fortsetzen, dann nur in Rot weiterarbeiten. In 23 cm Gesamth. für die Zackenkante eine Lochr. arbeiten. Dafür in einer Hinr. abwechselnd 2 M. re. zus.-stricken, 1 Umschl. aufnehmen. Für den Beleg noch 2 cm stricken, in 25 cm Gesamth. die M. abketten. Das zweite Bein mit der 1. und 4. Nadel genauso beenden.

Ausarbeitung: Die Bein- und Zwickelnähte schließen. Die Belege nach innen biegen und von links festnähen. In den Durchzug das Gummiband einziehen.

Vorderteil- und Rückenteil-Hälfte

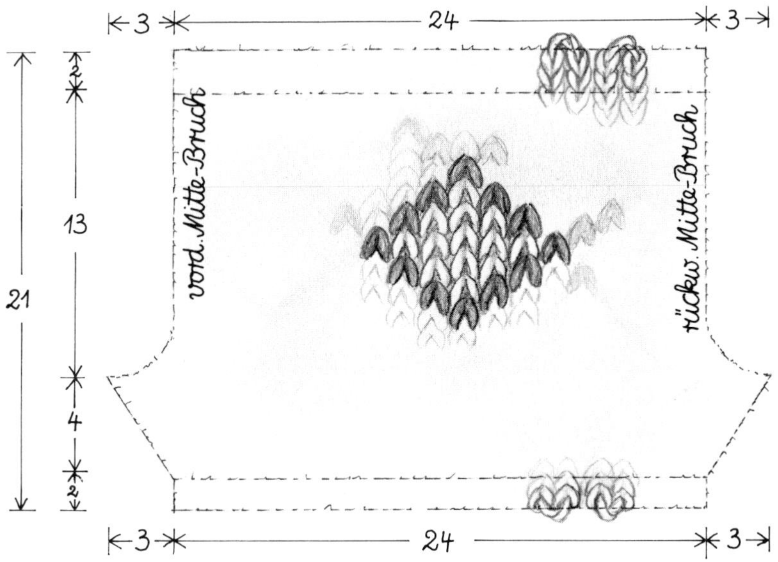

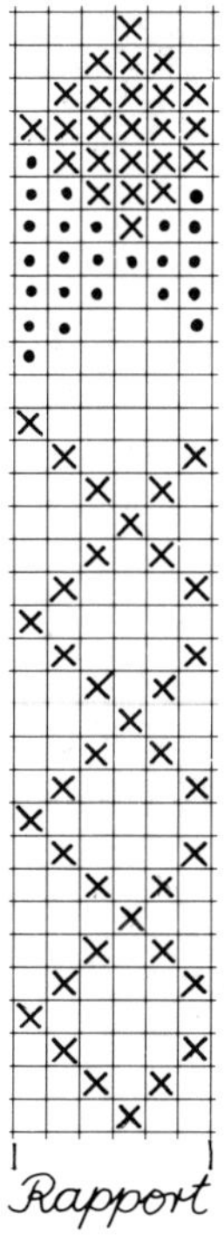

□ Rot
╳ Aubergine
● Pink

Lätzchen

Ob lustig geringelt oder mit einem dicken Zopf versehen – die Lätzchen aus Topflappenbaumwolle sind schnell gestrickt. Ein hübsches Mitbringsel!

Lätzchen mit Zopf
Material: 50 g weißes Topflappengarn (Lauflänge 87 m/50 g), Stricknadeln Nr. 3,5 sowie 1 Häkelnadel Nr. 3.
Grundmuster: kraus re. (Hinr. re., Rückr. re.).
Zopfmuster: 1., 3. und 7. Reihe: 2 M. li., 12 M. re., 2 M. li. **2. und alle weiteren Rückreihen:** 2 M. re., 12 M. li., 2 M. re. **5. Reihe:** 2 M. li., 3 M. auf einer Hilfsnadel hinter die Arbeit legen, 3 M. re., die M. der Hilfsnadel re., 3 M. auf einer Hilfsnadel vor die Arbeit legen, 3 M. re., die M. der Hilfsnadel re., 2 M. li. Die 1.–8. Reihe fortlfd. wiederholen.
Maschenprobe: Im Grundmuster ergeben 22 M. in der Breite und 34 R. in der Höhe 10 cm im Quadrat.
Anleitung: 46 M. anschlagen und 15 M. im Grundmuster, die mittleren 16 M. im Zopfmuster und wieder 15 M. im Grundmuster stricken. Bis 13 cm Gesamth. gerade hocharbeiten. Dann für den Halsausschnitt die mittl. 16 M. abketten und zunächst eine Seite beenden. Dabei für den Halsausschnitt 2mal in jeder 2. R. je 1 M. abketten. In 18 cm Gesamth. die übrigen M. abketten. Die andere Seite gegengleich beenden.
Ausarbeitung: Den Halsausschnitt, die seitlichen und die untere Kante mit 1 R. Mäusezähnchen wie folgt umhäkeln: ∗ 1 Kettm., 3 Lftm., 1 fe. M. in die 1. der 3 Lftm., ab ∗ fortlfd. wiederholen. Am Halsausschnitt beidseitig eine Kordel von je ca. 25 cm Länge annähen.

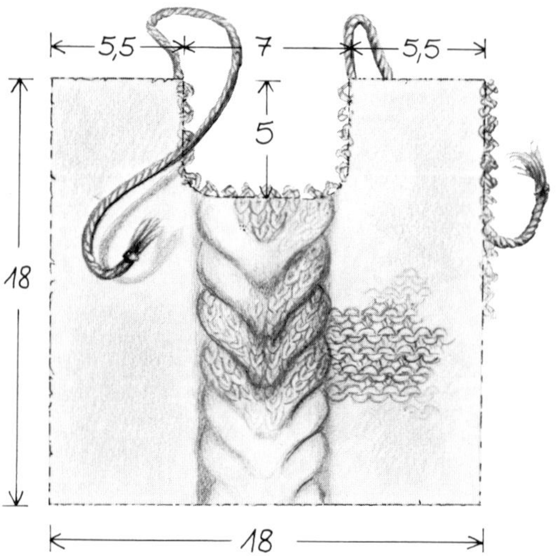

Geringeltes Lätzchen
Material: insges. 50 g Reste Topflappengarn (Lauflänge 87 m/50 g) in Hellgrün, Pink und Weiß, Stricknadeln Nr. 3,5 sowie 1 Häkelnadel Nr. 3.
Grundmuster: kraus re. (Hinr. re., Rückr. re.).
Farbfolge: ∗ je 4 R. in Pink, Weiß, Hellgrün, ab ∗ fortlfd. wiederholen.
Maschenprobe: 22 M. in der Breite und 34 R. in der Höhe ergeben 10 cm im Quadrat.
Anleitung: 40 M. in Pink anschlagen und im Grundmuster in der angegebenen Farbfolge gerade hocharbeiten. In 13 cm Gesamth. für den Halsausschnitt die mittl. 8 M. abketten und zunächst eine Seite beenden. Dabei für den Halsausschnitt in jeder 2. Reihe 1mal 2 M. und 2mal 1 M. abketten. In 18 cm Gesamth. die übrigen M. abketten. Die andere Seite gegengleich beenden.
Ausarbeitung: Siehe Lätzchen mit Zopf. Die Mäusezähnchen werden hier in Hellgrün gehäkelt.

Häkelpulli in Größe 74

In zarten Pastellfarben quer gehäkelt ist dieser Mohairpulli. Man kann dafür aber auch viele bunte Reste verbrauchen. Die Bündchen werden zum Schluß angestrickt (Foto Seite 62).

Material: *200 g Mohairwolle (Lauflänge 125 m/50 g), d. h. je 50 g in Lachs, Rosa, Hellblau und Türkis, 1 Häkelnadel Nr. 5, Stricknadeln Nr. 4 und 3 Knöpfe.*
Grundmuster: *Stäbchen, Muster s. Schemazeichnung.*
Maschenprobe: *14 Stb. in der Breite und 7,5 R. in der Höhe ergeben 10 cm im Quadrat.*
Das ***Rückenteil*** *wird quer gehäkelt und an einer Seite begonnen. Dafür 31 Lftm. plus 2 Lftm., sie ersetzen das 1. Stb. am Anfang jeder R., in Lachs anschlagen und in Hin- und Rückr. nach der Schemazeichnung und folgender Farbfolge arbeiten: 1 R. in Lachs, je 2 R. in Rosa, Hellblau, Türkis, Lachs, Rosa, Lachs, Türkis, Hellblau, Rosa und 1 R. in Lachs.*
Das ***Vorderteil*** *genau wie das Rückenteil häkeln.*
Rechter Ärmel: *25 Lftm. plus 2 Lftm. in Lachs anschlagen und in Hin- und Rückr. nach der Schemazeichnung und folgender Farbfolge arbeiten: je 2 R. in Lachs, Rosa, Hellblau, Türkis, Lachs, Rosa und*

(weiter Seite 63)

Vorderteil und Rückenteil

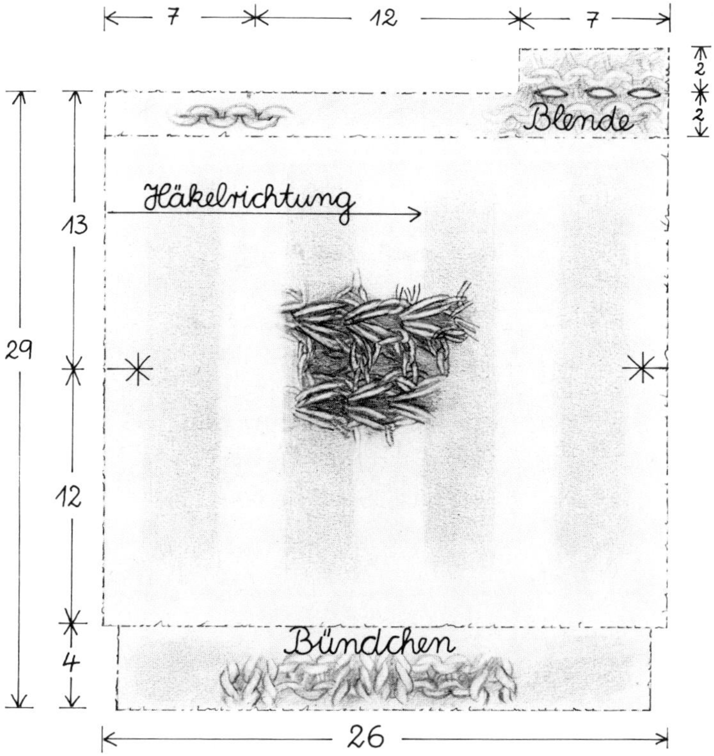

1 R. in Lachs. Gleichzeitig für die Weite 6mal am Anfang und Ende jeder 2. R. 1 Stb. zunehmen.
Der ***linke Ärmel*** *wird von oben nach unten gearbeitet. Dafür 37 Lftm. plus 2 Lftm. in Lachs anschlagen und gegengleich zum rechten Ärmel häkeln, d. h. die Farbaufteilung in umgekehrter Reihenfolge arbeiten, die Zunahmen werden zu Abnahmen.*
Ausarbeitung: *Die gehäkelten Teile alle so hinlegen, daß die Häkelrichtung vom rechten Ärmel über das Vorder- bzw. Rükkenteil zum linken Ärmel läuft. Nun für die Bündchen aus der unteren Kante des Vorder- und Rückenteiles jeweils 34 M. mit Stricknadeln Nr. 4 in Türkis herausstrikken und in Hin- und Rückr. 4 cm im Rippenmuster (2 M. re., 2 M. li. im Wechsel) arbeiten, die M. abketten. Für die Halsblenden aus der oberen Kante des Vorder- und Rückenteiles jeweils 30 M. in Rosa herausstricken und in Hin- und Rückr. 2 cm kraus re. (Hinr. re., Rückr. re.) arbeiten. Dann für die rechte Schulter und den Halsausschnitt jeweils 22 M. abketten und mit den restlichen 8 M. weiterarbeiten. Gleichzeitig am Vorderteil gleichmäßig verteilt 3 Knopflöcher einarbeiten, wie im Schnittschema eingezeichnet. Dafür jeweils 1 M. abketten und in der nächsten R. wieder anschlagen. In 4 cm Blendenhöhe die M. abketten. Für die Ärmelbündchen jeweils 24 M. in Türkis herausstricken und in Hin- und Rückr. 6 cm im Rippenmuster arbeiten, die M. abketten. Die Seiten- und Ärmelnähte und die rechte Schulternaht schließen. Die Blenden der linken Schulter übereinanderlegen und die Ärmel * an * einnähen, die Knöpfe annähen.*

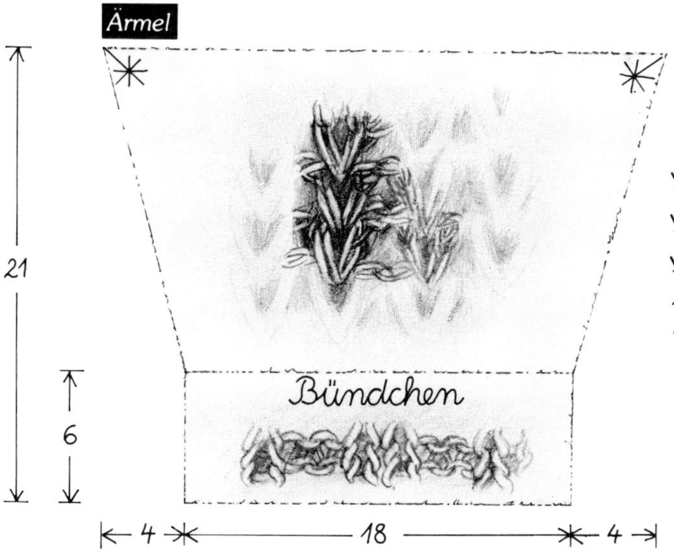

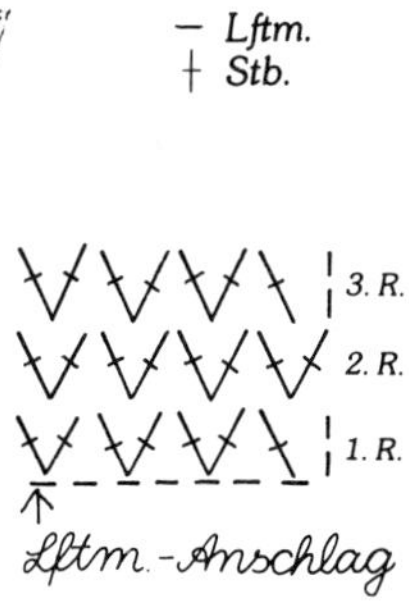

Teddys

Ein flottes Trio, selbstgestrickt: Ob rosa, rot und grün, ob mit kesser Badehose oder mit flottem Schal – diese Teddys werden zum ständigen Begleiter.
Alle Angaben für den grünen Teddy stehen, sofern sie abweichen, in eckigen Klammern.

Material: *Für den rosa und für den grünen Teddy 100 g rosa [50 g grüne] Sportwolle (Lauflänge 100 m/50 g), ein Rest rote Mohairwolle. Für den Teddy mit Hose 50 g pinkfarb. und je ein Rest naturfarb. und lila Sportwolle (Lauflänge 100 m/50 g), Stricknadeln Nr. 4, Aquariumwatte zum Ausstopfen, etwas braune Wolle und je Teddy 2 Perlmuttknöpfe.*
Grundmuster: *kraus re. (Hinr. re., Rückr. re.).*
Maschenprobe: *18 M. in der Breite und 24 R. in der Höhe = 10 cm im Quadrat.*

Rosa und grüner Teddy
Anleitung: *Der fertige Teddy ist ca. 32 cm [19 cm] groß. Er wird mit einem Bein begonnen. Dafür 8 M. [6 M.] anschlagen und im Grundmuster arbeiten. Dabei in der 2. R. 7mal [5mal] nach jeder M. und in der 4. R. 7mal [5mal] nach jeder 2. M. aus dem Querfaden der Vorr. 1 M. re. verschr. herausstricken. Mit diesen 22 M. [16. M.] gerade hochstricken. In 10 cm [5 cm] Gesamth. die M. stillegen und das zweite Bein genauso weit arbeiten. Nun beide Teile auf eine Nadel nehmen, dabei zwischen den Beinen 3 M. [1 M.] und am Anfang und Ende der R. je 2 M. [1 M.] dazu anschlagen. Mit den insgesamt 51 M. [35 M.] gerade hochstrikken. In 26 cm [15 cm] Gesamth. mit den Zunahmen für die Ohren beginnen (s. Linien im Schnittschema). Dafür beidseitig jeweils vor und nach der 13. M. [9. M.] von außen aus dem Querfaden der Vorr. 1 M. re. verschr. herausstricken. Diese Zunahmen noch 4mal [2mal] in jeder 2. R. an den gleichen Stellen wiederholen, d. h. die M. stets vor und nach den zuletzt zugenommenen M. herausstricken. 3 R. ohne Zunahmen arbeiten. In der nächsten R. in der Mitte der Ohren jeweils 2 M. re. zus.-stricken. Diese Abnahmen in der folg. 2. R. genauso wiederholen. [Nach allen Zunahmen bis 19 cm Gesamth. gerade hochstricken.] Dann die übrigen M. abketten, dabei beidseitig der mittl. Ohrenm. je 3 M. zus. abketten. Für die Arme jeweils 10 M. [5 M.] anschlagen und im Grundmuster arbeiten. Dabei in der 2. R. 4mal nach jeder 2. M. [nach jeder M.] und in der 4. R. 4mal nach jeder 3. M. [3mal nach jeder 2. M.] aus dem Querfaden der Vorr. 1 M. re. verschr. herausstricken. In 8 cm [5 cm] Gesamth. die M. abketten. Für die Schnauze 9 M. [6 M.] anschlagen und im Grundmuster stricken. Dabei in der 2.*

(weiter Seite 66)

R. die Maschenzahl verdoppeln, d. h. aus jeder M. 2 re. M. herausstricken (1mal von vorne, 1mal von hinten einstechen). Weitere 6 R. [4 R.] stricken, die M. abketten.
Ausarbeitung: Die Arm- und Beinnähte und die rückw. Naht schließen. Die Anschlagm. der Arme und Beine fest zusammenziehen. Die Ohren abnähen. Den Körper und die Arme mit Aquariumwatte ausstopfen. Die Kopfnaht schließen. In Halshöhe einen doppelten Faden durch die M. ziehen und den Hals etwas einschnüren. Die Arme am Körper festnähen. Die Anschlagm. der Schnauze zusammenziehen, die Naht schließen. Das Teil mit Aquariumwatte füllen und am Kopf festnähen. Mit brauner Wolle die Nase aufsticken und die Knöpfe als Augen aufnähen (s. Foto). Für den Schal mit roter Mohairwolle 13 M. anschlagen und im Rippenmuster (1 M. re., 1 M. li. im Wechsel) bis zur gewünschten Höhe stricken. Die M. abketten. An den Enden Fransen einknüpfen.

Teddy mit Hose
Anleitung: Der fertige Teddy ist ca. 23 cm groß. Er wird mit einem Bein begonnen. Dafür 8 M. in Pink anschlagen und im Grundmuster arbeiten. Dabei in

Grüner Teddy – Rosa Teddy mit Schal

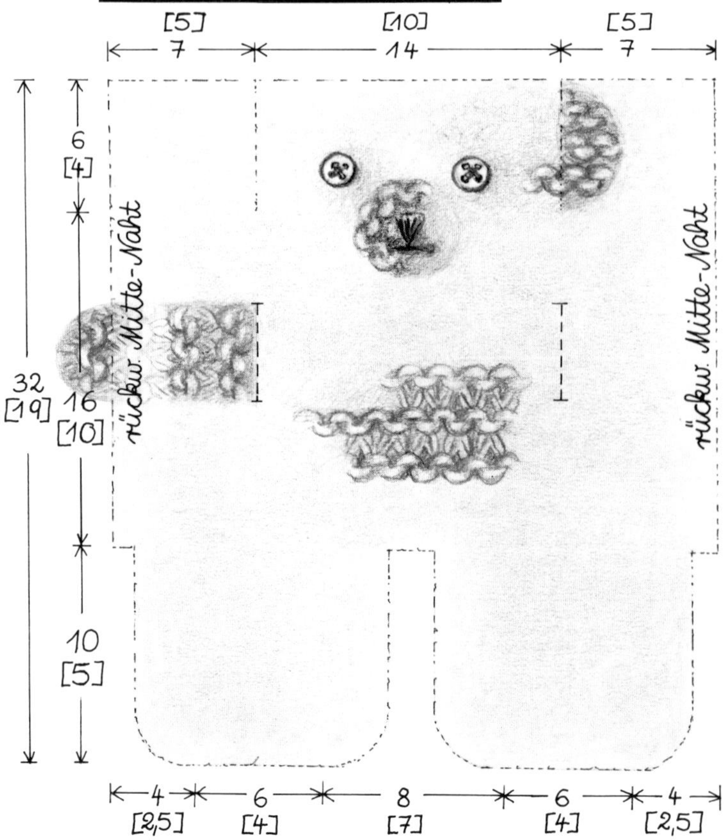

der 2. R. nach der 1. M. und noch 3mal nach jeder 2. M., in der 4. R. nach der 1. M. und noch 5mal nach jeder 2. M. aus dem Querfaden der Vorr. 1 M. re. verschr. herausstricken. Mit diesen 18 M. gerade hocharbeiten. In 5,5 cm Gesamth. (nach einer Rückr.) 2 R. in Lila stricken, dann dieses Teil stillegen. Das zweite Bein genauso weit arbeiten. Nun beide Teile auf eine Nadel nehmen und in Natur weiterstricken. Dabei am Anfang und Ende der R. und zwischen den Beinen je 1 M. dazu anschlagen. Mit diesen 39 M. insgesamt 10 R. arbeiten, dann 2 R. in Lila, anschließend wieder in Pink stricken. In 18 cm Gesamth. mit den Zunahmen für die Ohren beginnen (s. Linien im Schnittschema). Dafür beidseitig jeweils vor und nach der 11. M. von außen aus dem Querfaden der Vorr. 1 M. re. verschr. herausstricken. Diese Zunahmen noch 3mal in jeder 2. R. an den gleichen Stellen wiederholen, d. h. die M. stets vor und nach dem zuletzt zugenommenen M. herausstricken, 3 R. ohne Zunahmen arbeiten. In der nächsten R. in der Mitte der Ohren jeweils 2 M. re. zus.stricken. Diese Abnahmen in der folg. 2. R. genauso wiederholen. Dann die übrigen M. abketten, dabei beidseitig der mittl. Ohrenm. je 3 M. zus. abketten. Für die Arme jeweils 6 M. in Pink anschlagen und im Grundmuster arbeiten. Dabei in der 2. R. 5mal nach jeder M. und in der 4. R. 3mal nach jeder 3. M. aus dem Querfaden der Vorr. 1 M. re. verschr. herausstricken. In 6 cm Gesamth. die M. abketten. Für die Schnauze 6 M. in Pink anschlagen und im Grundmuster stricken. Dabei in der 2. R. die Maschenzahl verdoppeln, d. h. aus jeder M. 2 re. M. herausstricken (1mal von vorne, 1mal von hinten einstechen). Weitere 4 R. stricken, dann die M. abketten.

Ausarbeitung: Wie beim grünen und rosa Teddy beschrieben, jedoch ohne den roten Mohairschal.

Roter Teddy mit Hose

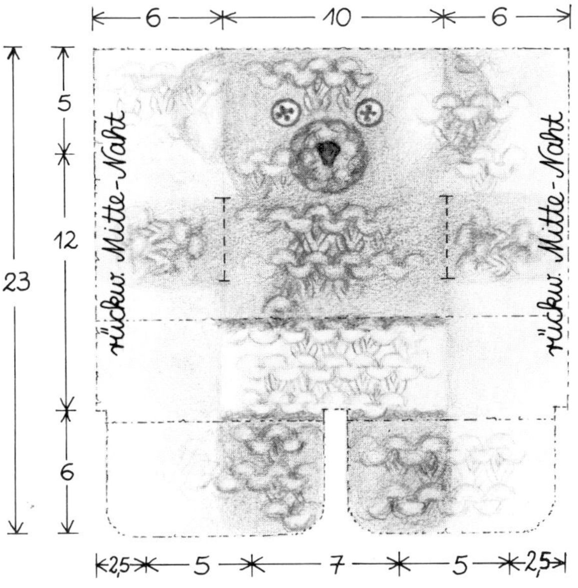

Overall in Größe 74

Von Kopf bis Fuß warm verpackt ist das Baby in diesem Overall aus flauschiger Mohairwolle. Er wird vorne mit fünf Knöpfen in der passenden Farbe geschlossen.

Material: *200 g rosa und 100 g lachsfarb. Mohairwolle (Lauflänge 125 m/50 g), 1 kurze Rundstricknadel Nr. 5 und 5 Knöpfe.*
Grundmuster und Farbfolge: 1. Reihe/Runde: *in Lachs re.* ***2. Reihe:*** *in Lachs re. (in* ***Runden*** *li.).* ***3.–6. Reihe/ Runde:*** *in Rosa glatt re. (Hinr. re., Rückr. li., in Runden nur re.). Die 1.–6. Reihe/ Runde fortlfd. wiederholen.*
Maschenprobe: *14 M. in der Breite und 23 R. in der Höhe ergeben 10 cm im Quadrat.*
Beine, Rücken- und Vorderteil *werden in einem Stück gestrickt. Es wird mit einem Bein begonnen. Dafür 36 M. in Rosa anschlagen und in Hin- und Rückr. zunächst für die Blende 2 cm kraus re. (Hinr. re., Rückr. re.) stricken. Dann im Grundmuster und der angegebenen Farbfolge weiterarbeiten. Dabei für die Weite 3mal in jeder 14. R. und 1mal in der folg. 4. R. beidseitig je 1 M. zunehmen. Nach weiteren 2 R. ist eine Gesamth. von 23 cm erreicht. Hier das Teil stillegen und das zweite Bein genauso weit stricken. Nun beide Teile auf die Nadel nehmen und in Rd. weiterarbeiten. In 32 cm Gesamthöhe für den späteren Verschluß in der vord. Mitte 4 M. abketten und von dieser Stelle aus in Hin- und Rückr. weiterstricken. In 49,5 cm Gesamth. die Arbeit für die Armausschnitte teilen, d. h. für die Vorderteile je 20 M. auf Hilfsnadeln stillegen, mit den mittl. 44 M. zunächst das Rückenteil weiter gerade hochstricken. In 61 cm Gesamth. für den rückw. Halsausschnitt die mittl. 10 M. abketten und die Schultern getrennt beenden. Dabei jeweils in der folg. 2. R. nochmals 2 Maschen, dann die übrigen 15 Maschen abketten. Nun ein Vorderteil bis 58 cm Gesamth. gerade hochstricken. Dann für den vord. Halsausschnitt 2 M. und weiter in jeder 2. R. 3mal 1 M., in 62 cm Gesamthöhe die übrigen 15 M. abketten. Es müssen genauso viele R. wie beim Rückenteil sein. Das zweite Vorderteil gegengleich beenden.*
Ärmel: *25 M. in Rosa anschlagen und in Hin- und Rückr. zunächst für die Blende 2 cm kraus re. stricken. Dann im Grundmuster und der angegebenen Farbfolge weiterarbeiten. Dabei für die Weite 5mal in jeder 8. R. beidseitig je 1 M. zunehmen. Nach einer weiteren R. ist eine Gesamth. von 20 cm erreicht. Hier die M. abketten. Den zweiten Ärmel genauso stricken.*

(weiter Seite 70)

Vorderteil- und Rückenteil-Hälfte

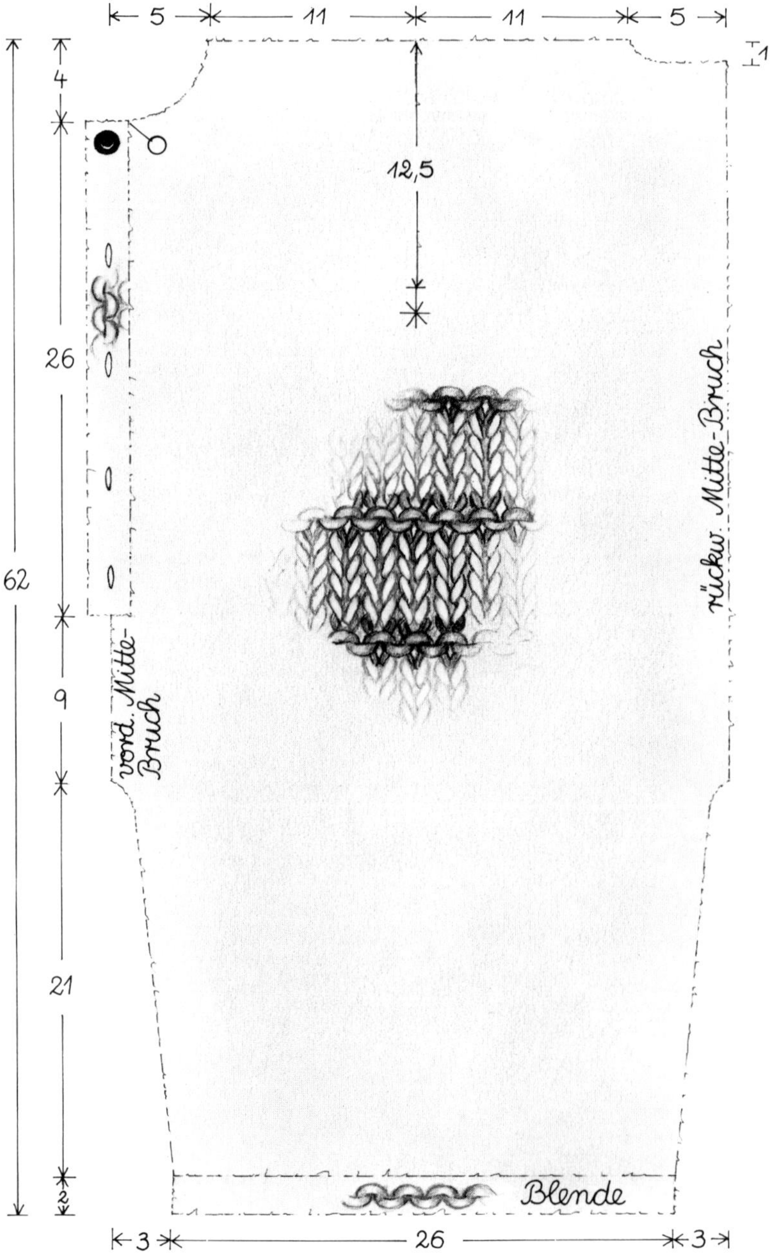

Kapuze: 42 M. in Lachs anschlagen und in Hin- und Rückr. im Grundmuster und der angegebenen Farbfolge arbeiten. In 17 cm Gesamth., das ist in der 39. R., mit den Abnahmen für die Rundung in der rückw. Mitte beginnen. Dafür die 20. und 21. M. re. zus.stricken, die 22. M. abheben, die folg. M. stricken und die abgehobene M. darüberziehen. Die Abnahmen noch 3mal in jeder folg. Hinr. an den gleichen Stellen wiederholen, so daß stets die mittl. 2 M. oben liegen. Noch 1 R. stricken, dann die M. stillegen.

Ausarbeitung: Die Bein-, Schulter- und Ärmelnähte schließen. Die Ärmel einnähen. Für die Verschlußblenden aus den Kanten der Vorderteile jeweils 36 M. in Rosa herausstricken und in Hin- und Rückr. kraus re. arbeiten. In eine Blende (für Mädchen die rechte, für Jungen die linke Blende) in 1 cm Höhe gleichmäßig verteilt 5 Knopflöcher einarbeiten, dafür jeweils 1 M. abketten und in der folg. R. wieder anschlagen. In 2 cm Blendenhöhe die M. abketten. Die Blenden übereinanderlegen und die unteren schmalen Kanten am Vorderteil festnähen. Bei der Kapuze die obere Naht im Maschenstich schließen. Für die Blende aus der vord. Kante 56 M. in Rosa herausstricken und in Hin- und Rückr. 2 cm kraus re. arbeiten, die M. abketten. Die Kapuze am unteren Rand etwas einkräuseln und zeichengemäß am Halsausschnitt festnähen. Die Knöpfe annähen.

Kapuzen-Hälfte

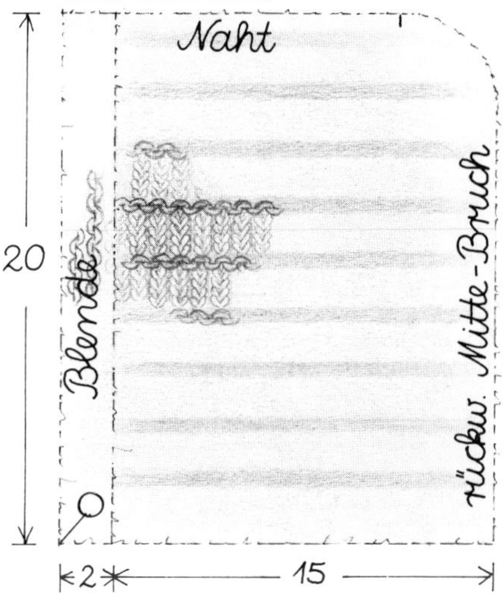

Ärmel

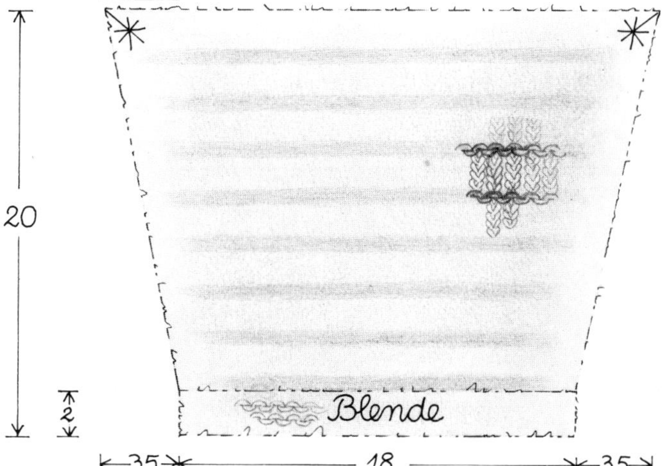

Wickelweste in Türkistönen in Größe 74

Auch wenn das Baby schon etwas größer ist, wärmt die Wickelweste aus weicher Angorawolle beim Spielen noch Brust und Schultern.

Material: 60 g Angorawolle (Lauflänge 96 m/20 g), d. h. je 20 g in Türkis, Hellgrau und Helltürkis, Stricknadeln Nr. 4 und 1 Häkelnadel Nr. 3 sowie 2 Knöpfe.
Grundmuster: glatt re. (Hinr. re., Rückr. li.).
Farbfolge: je 8 R. in Hellgrau, Helltürkis, Türkis, Hellgrau und Helltürkis.
Maschenprobe: 22 M. in der Breite und 30 R. in der Höhe ergeben 10 cm im Quadrat.
Rückenteil und Vorderteile werden ohne Schulternähte in einem Stück gestrickt und am rückw. Bündchen begonnen. Dafür 58 M. in Türkis anschlagen und zunächst 3 cm im Rippenmuster (2 M.

(weiter Seite 74)

Vorderteil- und Rückenteil-Hälfte

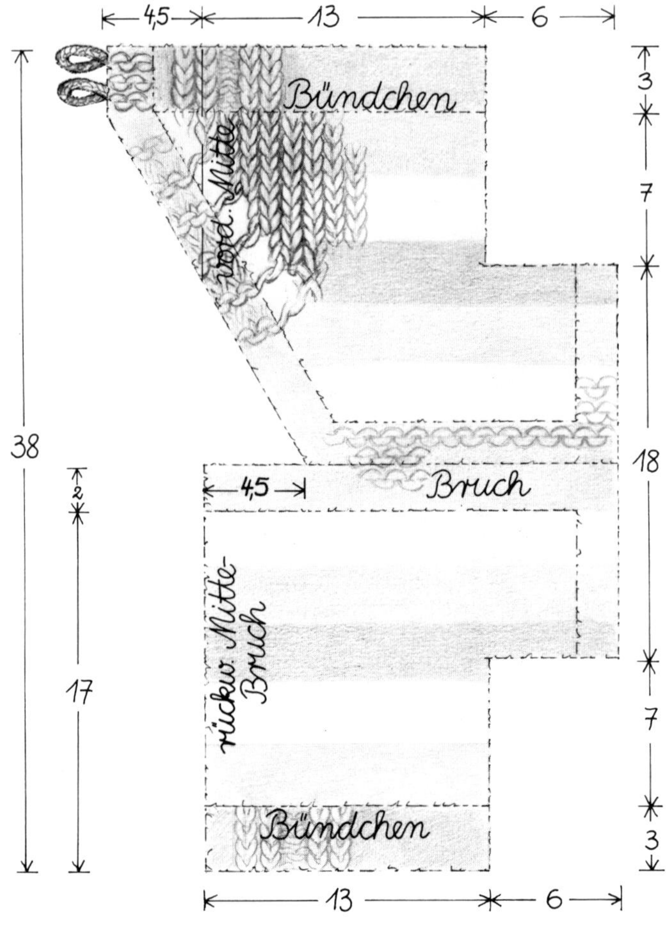

re., 2 M. li. im Wechsel) stricken. Dann im Grundmuster weiterarbeiten, und zwar noch 2 R. in Türkis, dann in der angegebenen Farbfolge. Dabei in 10 cm Gesamth. für die Ärmel beidseitig je 13 M. dazu anschlagen. Gerade hochstricken, dabei für die Ärmelblenden beidseitig die äußeren 6 M. kraus re. (Hinr. re., Rückr. re.) arbeiten. Nach Beenden der angegebenen Farbfolge über die gesamte Breite in Türkis kraus re. weiterstricken. In 19 cm Gesamth. ist die Bruchlinie auf der Schulter erreicht. Hier für den rückw. Halsausschnitt die mittl. 20 M. abketten und mit dem rechten Vorderteil beginnen (die übrigen M. stillegen). Zunächst in Türkis weitere 2 cm kraus re. arbeiten, dann im Grundmuster in umgekehrter Farbfolge weiterstricken. Für die Ärmelblende und die vord. Blende jeweils die äußeren 6 M. kraus re. arbeiten. Außerdem für die Schrägung der vord. Kante in jeder Hinr. vor der 6. letzten M. 1 Umschl. aufnehmen, den Umschl. in der folg. Rückr. li. stricken, so daß ein Loch entsteht. Gleichzeitig in 28 cm Gesamth. die 13 M. des Ärmels abketten. Nach Beenden der Streifen noch 2 R. in Türkis stricken. Dann für das Bündchen in Türkis im Rippenmuster weiterarbeiten, dabei die Blende ohne Zunahmen, also ohne Umschl., weiter kraus re. stricken. In 38 cm Gesamth. die M. abk. Das l. Vorderteil gegengleich beenden.
Ausarbeitung: Die Ärmel- und Seitennähte schließen. Am Bündchen des rechten Vorderteiles 2 Ösen aus Lftm. anhäkeln, am linken Vorderteil die Knöpfe annähen.

Türkisfarbene Latzhose in Größe 74

Robust zum Krabbeln und Spielen: Die Latzhose ist aus dicker Sportwolle kraus rechts gestrickt und macht alles mit!

Material: 150 g türkisfarb. Sportwolle (Lauflänge 70 m/50 g), 1 kurze Rundstricknadel Nr. 5 und 2 Knöpfe.
Grundmuster: kraus re. (Hinr. re., Rückr. re., in Runden: 1 Rd. re., 1 Rd. li. im Wechsel).
Maschenprobe: 14 M. in der Breite und 28 R. in der Höhe ergeben 10 cm im Quadrat.
Die **Hose** wird an einem Bein begonnen. Dafür 36 M. anschlagen und in Hin- und Rückr. im Grundmuster arbeiten. Dabei für die Weite 6mal in jeder 4. R. beidseitig je 1 M. zunehmen. In 10 cm Gesamth. beidseitig je 3 M. abketten und das Teil stillegen. Das zweite Bein genauso weit stricken. Nun die beiden Teile gemeinsam auf die Nadel nehmen und die Hose in Rd. weiterarbeiten. Dabei für den Zwickel in der vord. Mitte 6mal in jeder 2. Rd. (stets in einer re. Rd.) je 2 M. re. zus.-stricken, in der rückw. Mitte 3mal in jeder 2. Rd. und 3mal in jeder 4. Rd. je 2 M. re. zus.stricken. Mit den übrigen 72 M. gerade hocharbeiten. In 29 cm Gesamth. die M. für den vord. und rückw. Ausschnitt und die Armausschnitte abketten. Dafür von der rückw. Mitte aus 3 M. abketten,

(weiter Seite 76)

12 M. für den 1. rückw. Träger stricken, 6 M. abketten, 12 M. für den 1. vord. Träger stricken, 6 M. abketten, 12 M. für den 2. vord. Träger stricken, 6 M. abketten, 12 M. für den 2. rückw. Träger stricken und die letzten 3 M. abketten. Nun an einem rückw. Träger in Hin- und Rückr. weiterarbeiten, dabei für die Rundungen 3mal in jeder 2. R. beidseitig je 1 M. abnehmen. In 41 cm Gesamth. die M. abk. Die anderen Träger genauso arbeiten, jedoch in die beiden vord. Träger jeweils in 39,5 cm Gesamth. 1 Knopfloch einarbeiten. Dafür die beiden mittleren M. abk. und in der nächsten R. wieder anschlagen. **Ausarbeitung:** *Die Beinnähte und die kurze Zwickelnaht schließen und die Knöpfe annähen.*

Vorderteil- und Rückenteil-Hälfte

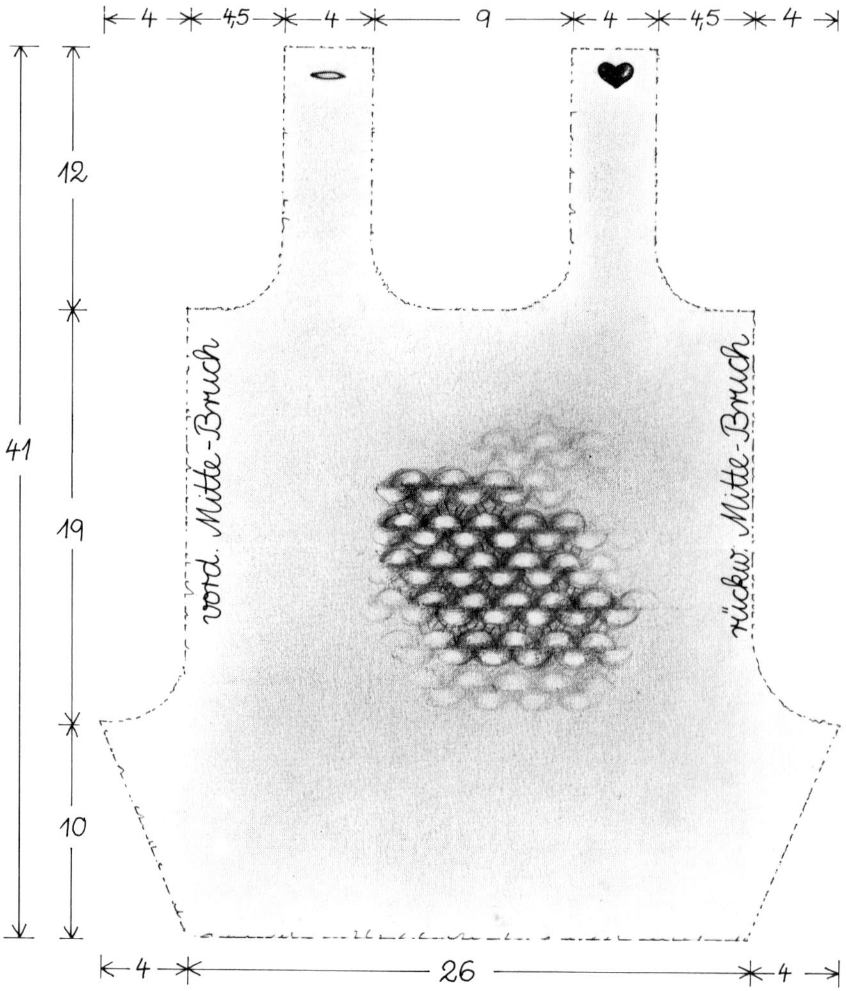

Baumwollpulli in Größe 74

Wenig Aufwand – große Wirkung: Mit dem geraden Schnitt und dem einfachen Schachbrettmuster ist dieser hübsche Sommerpulli aus Topflappenbaumwolle im Nu gestrickt (Foto Seite 78).

Material: *150 g hellblaues Baumwollgarn (Lauflänge 82 m/50 g), Stricknadeln Nr. 3,5 sowie 4 Knöpfe.*
Grundmuster: *Maschenzahl teilbar durch 4 und 2 Randm.* ***1. Reihe:*** *1 Randm., * 4 M. re., 4 M. li. im Wechsel, ab * fortlfd. wiederholen, 1 Randm.* ***2.–4. Reihe:*** *die M. stricken wie sie erscheinen, re. M. re., li. M. li.* ***5.–8. Reihe:*** *wie die 1.–4. Reihe, nur das Muster um 4 M. versetzen, also in der 5. R. über die re. M. der Vorr. li. M., über die li. M. der Vorr. re. M. stricken. Die 1.–8. Reihe fortlfd. wiederholen.*
Maschenprobe: *20 M. in der Breite und 32 R. in der Höhe = 10 cm im Quadrat.*
Rücken- und Vorderteil *werden in einem Stück gestrickt und an der rückw. Blende begonnen. Dafür 54 M. anschlagen und zunächst 1,5 cm kraus re. (Hinr. re., Rückr. re.) stricken. Anschließend im Grundmuster weiterarbeiten. In 14 cm Gesamth. für die Ärmel beidseitig je 11 M. dazu anschlagen und gerade weiterstricken. Dabei für die Ärmelblenden beidseitig die äußeren 4 M. (inkl. Randm.) kraus re. arbeiten. In 22,5 cm Gesamth. für die Halsausschnittblende die mittl. 28 M.*

(weiter Seite 79)

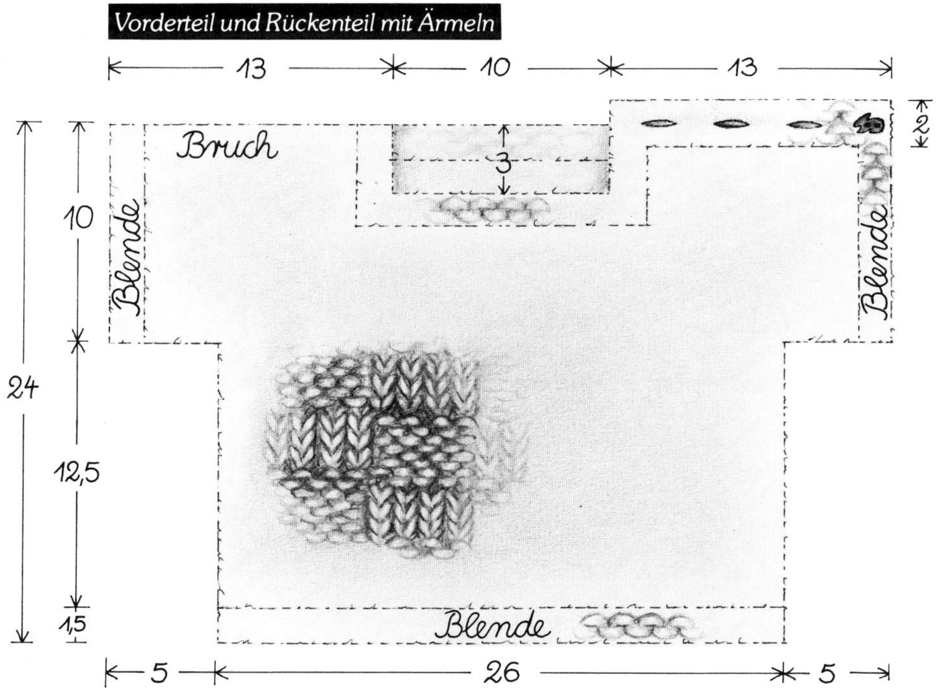

kraus re. stricken. In 23 cm Gesamth. ebenfalls die M. für die linke Schulterblende kraus re. arbeiten. In 24 cm Gesamth. ist die Schulterhöhe erreicht. Hier die 28 M. der rechten Schulter stillegen, die mittl. 20 M. abketten und die 28 M. der linken Schulterblende noch bis zu einer Gesamth. von 2 cm weiterstricken. Die M. abketten. Für die linke vord. Schulterblende 28 M. neu anschlagen, kraus re. stricken und in 1 cm Höhe 4 Knopflöcher einarbeiten (siehe Schema), dafür jeweils 1 M. abketten und in der folg. R. wieder anschlagen. Die Blende bis zu einer Höhe von 2 cm stricken, dann im Grundmuster weiterarbeiten. Dabei jeweils die äußeren 4 M. für die Ärmel- und Ausschnittblende kraus re. stricken. In 4 cm Gesamth. die M. stillegen. Die M. der re. Schulter wieder in Arbeit nehmen und im Grundmuster weiterarbeiten. Hier ebenfalls jeweils die äußeren 4 M. kraus re. stricken. Nach 3 cm ab Schulterbruch für den vord. Halsausschnitt 20 M. dazu anschlagen, die M. der li. Schulter mit in Arbeit nehmen und über alle 76 M. arbeiten. Dabei die mittl. 28 M. noch 1,5 cm kraus re. stricken, anschließend im Grundmuster arbeiten. In 34 cm Gesamth. beidseitig die jeweils 11 Ärmelm. abketten und bis zu einer Gesamth. von 46,5 cm stricken. Für die vord. untere Blende noch 1,5 cm kraus re. arbeiten. In 48 cm Gesamthöhe die M. abketten.

Ausarbeitung: Die Ärmel- und Seitennähte schließen. Die Knöpfe annähen.

Jacke mit Raglanärmeln in Größe 74

Wer schon Jeans tragen kann, für den ist diese sportliche Jacke genau das Passende. Sie wird am Halsausschnitt begonnen, in einem Stück gestrickt und wächst daher sehr lange mit: Wenn das Baby größer wird, können an Ärmeln und Bündchen einfach einige Reihen angestrickt werden. Die Pünktchen werden zum Schluß aufgestickt (Foto Seite 80).

Material: 200 g rosamelierte, handgesponnene Wolle (Lauflänge 55 m/50 g) und ein Rest derselben Stärke in Pink, Stricknadeln Nr. 4,5 und 5 Knöpfe.

Grundmuster: glatt re. (Hinr. re., Rückr. li.), die Punkte werden später im Maschenstich nach der Schemazeichnung aufgestickt, 1 Kästchen = 1 Masche.

Maschenprobe: 14 M. in der Breite und 21 R. in der Höhe = 10 cm im Quadrat.

Die **Jacke** wird in einem Stück gestrickt und am Halsausschnitt begonnen. Dafür 46 M. anschlagen und zunächst für die Blende 2 cm im Rippenmuster (2 M. re., 2 M. li. im Wechsel) stricken. Dann im Grundmuster wie folgt weiterarbeiten: Zunächst 4mal 2 M. markieren, die an den Raglanlinien entlanglaufen sollen, das sind die 6. und 7. M., die 16. und 17. M., die 30. und 31. M. und die 40. und 41. M. Für die Weite in der 1. Hinr. stets vor und nach diesen markierten M. je 1 Umschl. aufnehmen und die Umschl. in der folg. Rückr. li. stricken. Es sind jetzt 54 M. auf der Nadel. Nun weiter noch 12mal in jeder folg. Hinr. an diesen 8 Stellen auf die gleiche Weise M. zunehmen. Nach allen

(weiter Seite 81)

Zunahmen sind 150 M. auf der Nadel. Nun zunächst einen Ärmel beenden. Dafür nur mit 36 M. weiterstricken (die Teilung erfolgt jeweils zwischen den 2 M. der Raglanlinien), alle übrigen M. inzwischen stillegen. Dabei für die geringere Weite sofort und noch 6mal in jeder 4. R. beidseitig

Vorderteil- und Rückenteil-Hälfte mit Ärmel

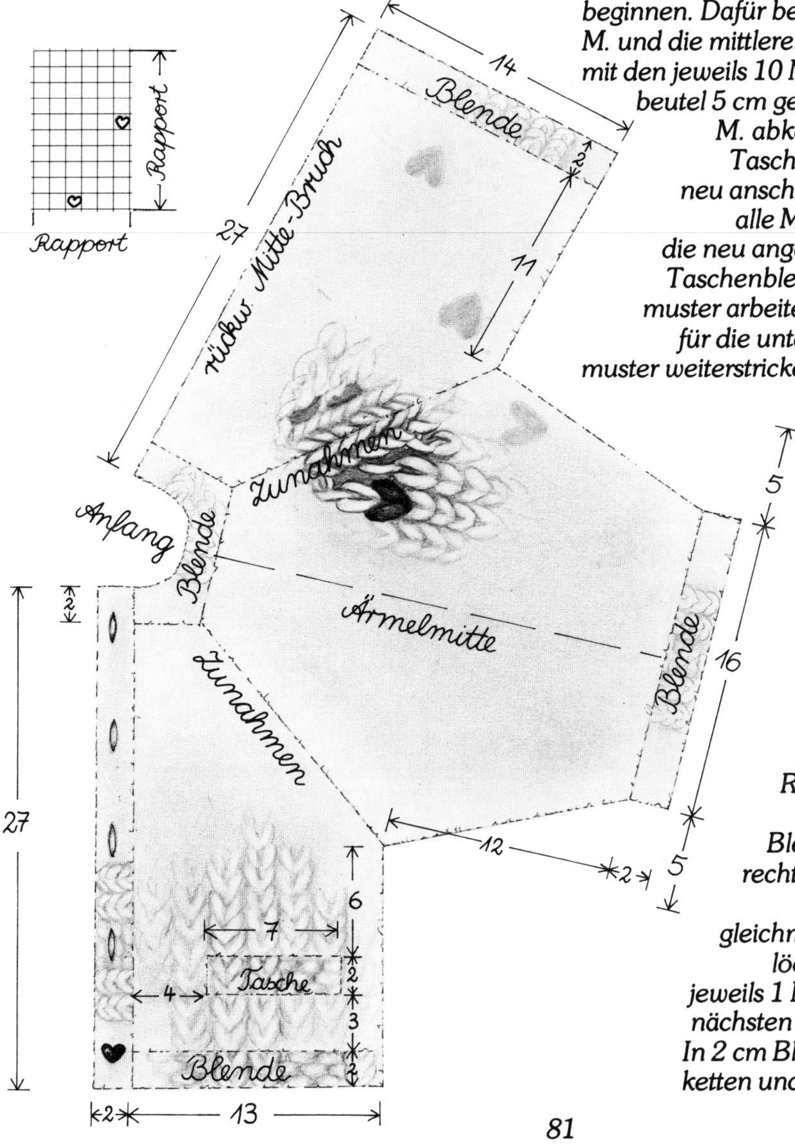

je 1 M. abnehmen. In 26 cm Gesamth. (in der Ärmelmitte gemessen) für die Blende im Rippenmuster weiterarbeiten, in 28 cm Gesamth. die M. abketten. Den zweiten Ärmel genauso beenden. Jetzt mit den übrigen 78 M. Rücken- und Vorderteile gemeinsam weiterstricken. Dabei in 20 cm Gesamth. (an der vord. Kante gemessen) mit dem Einstricken der Taschen beginnen. Dafür beidseitig die äußeren 7 M. und die mittleren 44 M. stillegen und mit den jeweils 10 M. für einen Taschenbeutel 5 cm gerade hochstricken, die M. abketten. Nun anstelle der Taschenbeutel jeweils 10 M. neu anschlagen und wieder über alle M. weiterstricken, dabei die neu angeschlagenen M. für die Taschenblenden 2 cm im Rippenmuster arbeiten. In 25 cm Gesamth. für die untere Blende im Rippenmuster weiterstricken, in 27 cm Gesamth. die M. abketten.

Ausarbeitung: *Die Punkte in Pink nach der Schemazeichnung im Maschenstich aufsticken. Die Ärmelnähte schließen und die Taschenbeutel innen festnähen. Für die vord. Blenden jeweils 34 M. herausstricken und im Rippenmuster arbeiten. Dabei in eine Blende (für Mädchen die rechte, für Jungen die linke Blende) in 1 cm Höhe gleichmäßig verteilt 5 Knopflöcher einstricken. Dafür jeweils 1 M. abketten und in der nächsten R. wieder anschlagen. In 2 cm Blendenhöhe die M. abketten und die Knöpfe annähen.*

Babytragetuch

Damit das Baby immer dabeisein kann: Ein Tragetuch mit gehäkeltem Mittelteil zwischen Trageriemen aus bunten Stoffstreifen.

Material: *50 g weißes Baumwollgarn (Lauflänge 175 m/50 g), 10 m Stoffbordüre, 8 cm breit oder 90 cm Baumwollstoff, 90 cm breit, 1 Häkelnadel Nr. 1,25.*
Grundmuster: *Luftmaschen und Stäbchen, Muster s. Schemazeichnung.*
Maschenprobe: *44 M. in der Breite und 17 R. in der Höhe = 10 cm im Quadrat.*

Anleitung: *112 Lftm. plus 2 Lftm., sie ersetzen das 1. Stb. am Anfang jeder R., anschlagen und nach der Zeichnung häkeln. Das Teil auf 25 cm in der Breite und 30 cm in der Höhe spannen und dämpfen.*
4 Bordürenstreifen, je 32 cm lang (oder 2 Stoffstreifen, je 32 cm lang und 15 cm breit) zuschneiden und die Längsseiten des Häkeltuches einfassen (fertige Breite 6 cm). Für die untere Kante 2 Bordürenstreifen, je 160 cm lang (oder 2 Stoffstreifen, je 90 cm lang und 15 cm breit) zuschneiden (die Stoffstreifen aneinandernähen), so an die untere Kante des Tuches ansetzen, daß die Enden gleich lang sind; die Bänder verstürzen (fertige Breite 6 cm). Für die obere Kante 2 Bordürenstreifen, je 270 cm lang (oder 3 Stoffstreifen, je 90 cm lang und 15 cm breit) zuschneiden (die Stoffstreifen aneinandernähen), so an die obere Kante des Tuches ansetzen, daß die Enden gleich lang sind und die Bänder verstürzen.

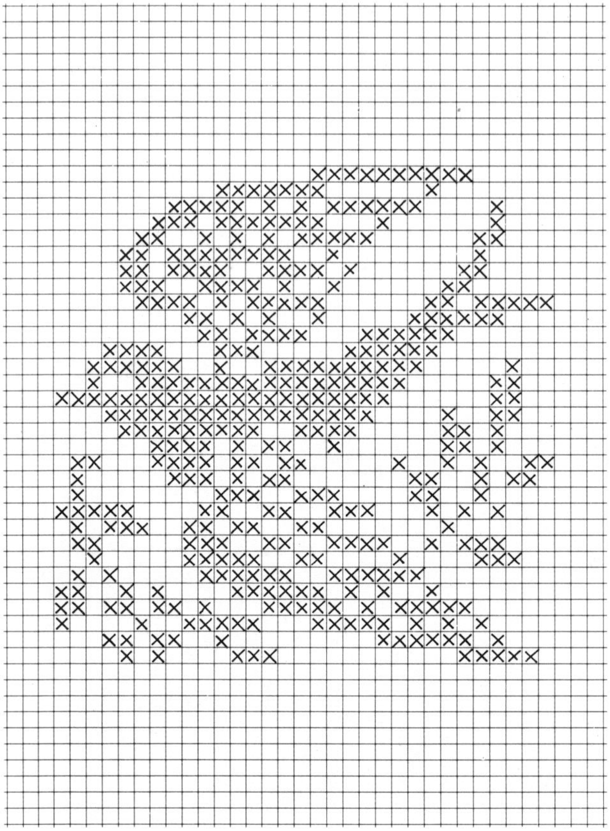

□ 2 Lftm., 1 Stb.
× 3 Stb.

Patentpullover in Größe 74

Mit diesem Pullover aus weicher Wolle trotzt das Baby jedem Wetter. Der Knopfverschluß liegt in einer Raglannaht und wird mit großen, goldenen Knöpfen geschlossen.

Material: *300 g gelbe dicke Dochtwolle (Lauflänge 55 m/50 g), Stricknadeln Nr. 4,5 und 1 Rundstricknadel Nr. 5 sowie 3 goldfarb. Knöpfe.*
Grundmuster: *Patentmuster.* ***1. Reihe:*** *1 Randm., * 1 Umschl., 1 M. wie zum Linksstricken abheben, 1 M. re., ab * fortlfd. wiederholen. Die R. endet mit 1 Umschl., 1 M. wie zum Linksstricken abheben, 1 Randm.* ***2. Reihe:*** *1 Randm., * die folg. M. mit dem Umschl. der Vorr. re. zus.stricken, 1 Umschl., 1 M. wie zum Linksstricken abheben, ab * fortlfd. wiederholen. Die R. endet mit 1 M. mit dem Umschl. der Vorr. re. zus.stricken, 1 Randm. Die 2. Reihe fortlfd. wiederholen.*
Maschenprobe: *16 M. in der Breite und 26 R. in der Höhe ergeben 10 cm im Quadrat.*
Rückenteil: *41 M. mit Nadeln Nr. 4,5 anschlagen und zunächst für das Bündchen 4 cm im Rippenmuster (1 M. re., 1 M. li. im Wechsel) stricken. Dann mit Nadel Nr. 5 weiter in Hin- und Rückr. im Grundmuster gerade hocharbeiten. In 18 cm Gesamth. das Teil stillegen. Nun das* ***Vorderteil*** *genauso weit stricken und ebenfalls stillegen. Für einen* ***Ärmel*** *21 M. mit Nadeln Nr. 4,5 anschlagen und zunächst für das Bündchen 3,5 cm im Rippenmuster stricken. Dann mit Nadel Nr. 5 in Hin- und Rückr. im Grundmuster weiterarbeiten. Dabei für die Weite insgesamt 8mal abwechselnd in jeder 4. und 6. R. beidseitig je 1 M. zunehmen. In 20 cm Gesamth. das Teil stillegen und den zweiten Ärmel genauso weit stricken. Nun die Ärmel zwischen Rücken- und Vorderteil auf die Rundstricknadel nehmen und alle Teile gemeinsam beenden. Damit später bei den Abnahmen an den Raglanlinien die gleichen Rippen aufeinander zulaufen, müssen die Teile so aneinandergefügt werden, daß stets entweder beidseitig die äußeren Rippen li. M. oder re. M. sind. Es wird für den späteren Verschluß von der vord. linken Raglanlinie aus in Hin- und Rückr. gearbeitet. Also am Vorderteil beginnen, dann über den rechten Ärmel das Rückenteil und den linken Ärmel stricken,*

(weiter Seite 86)

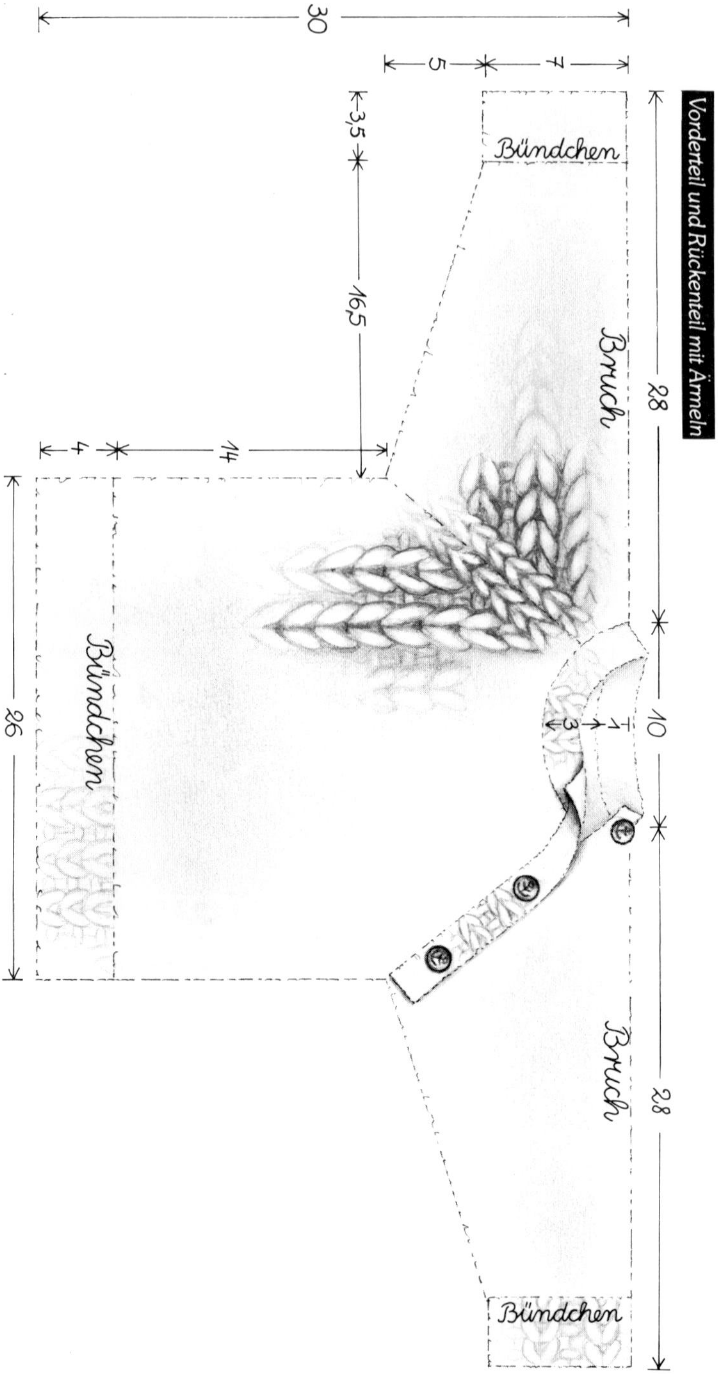

Vorderteil und Rückenteil mit Ärmeln
30
5
7
3,5
16,5
14
4
28
10
28
26
3
1
Bündchen
Bruch
Bündchen
Bruch
Bündchen

wenden und zurückstricken. Dabei sofort in der 1. Hinr. mit den Abnahmen für die Raglanschrägungen beginnen, d. h. bei allen 4 Teilen die 1. M. abheben, die folg. M. je nach Muster stricken und die abgehobene M. darüberziehen, die letzten 2 M. re. zus.stricken. Diese Abnahmen in jeder Hinr. genauso wiederholen. In den Rückr. stets beidseitig die äußeren M. der 4 Teile li. stricken, damit auf der rechten Seite der Arbeit an jeder Raglanlinie 2 re. M. (an den Verschlußkanten je 1 re. M.) schräg nach oben laufen. Nach insgesamt 11 Abnahmereihen für den vord. Halsausschnitt die mittl. 7 M. abketten und zunächst die linke Seite des Vorderteiles beenden. Dabei weiter in jeder 2. R. 2mal 2 M. abketten. Die Abnahmen an der Verschlußkante weiter wie bisher ausführen, bis alle M. verbraucht sind. Nun mit den übrigen M. weiterarbeiten und zunächst für die rechte Seite des vord. Halsausschnittes in jeder 2. R. 2mal 2 M. abketten. Gleichzeitig alle übrigen Abnahmen an den Raglanlinien weiter wie bisher ausführen. Anschließend in jeder 2. R. beidseitig 1mal 5 M. und 1mal 4 M., dann alle übrigen M. abketten. An den rückw. Raglanlinien bis zuletzt wie gewohnt M. abnehmen.

Ausarbeitung: *Die Ärmel- und Seitennähte schließen. Für die Blende aus dem Halsausschnitt 40 Maschen mit Nadeln Nr. 4,5 herausstricken und 2 cm im Rippenmuster arbeiten, die Maschen abketten. Für die Verschlußblende aus der Raglankante des Vorderteiles und der Halsblende 26 Maschen mit Nadeln Nr. 4,5 herausstricken und im Rippenmuster arbeiten. Dabei in 1 cm Höhe gleichmäßig verteilt 3 Knopflöcher einstricken, d. h. jeweils 1 M. abketten und in der folg. Reihe wieder anschlagen. In 2 cm Blendenhöhe die Maschen abketten. Die Knöpfe annähen.*

Zopfpullover in Größe 74

Dicht an dicht und rundherum sitzen bei diesem sportlichen Pullover die Zöpfe. Die Strickart und die dicke Wolle wärmen beim Spielen im Freien.

Material: *300 g naturfarb. Sportwolle (Lauflänge 85 m/50 g), Stricknadeln Nr. 4 sowie 3 Knöpfe.*
Grundmuster: *Maschenzahl teilbar durch 8, plus 2 M., damit der Musterrapport aufgeht und 2 Randm.* ***1. Reihe:*** *1 Randm., * 2 M. li., 6 M. re., ab * fortlfd. wiederh., 2 M. li., 1 Randm.* ***2. und alle weiteren Rückreihen:*** *1 Randm., * 2 M. re., 6 M. li., ab * fortlfd. wiederh., 2 M. re., 1 Randm.* ***3. Reihe:*** *1 Randm., * 2 M. li., 3 M. auf einer Hilfsnadel vor die Arbeit legen, 3 M. re., die M. der Hilfsnadel re., ab * fortlfd. wiederh., 2 M. li., 1 Randm.* ***5., 7. und 9. Reihe:*** *wie die 1. Reihe. Die 3. bis 10. Reihe fortlfd. wiederholen.*

Maschenprobe: *31 M. in der Breite und 28 R. in der Höhe ergeben 10 cm im Quadrat.*
Rückenteil: *84 M. anschlagen und zunächst für das Bündchen 3,5 cm im Rippenmuster (2 M. re., 2 M. li. im Wechsel) stricken. Dann im Grundmuster gerade hocharbeiten. In 27 cm Gesamthöhe für die rechte Schulter und den rückw. Halsausschnitt 58 M. abketten. Mit den restl. 26 M. für die linke Schulterblende noch 1 cm im Rippenmuster weiterarbeiten. Die M. abketten.*
Das ***Vorderteil*** *wird bis zu einer Gesamth. von 23 cm genau wie das Rückenteil gestrickt. Dann für den vord. Halsausschnitt die mittl. 12 M. abketten und zu*

Vorderteil und Rückenteil

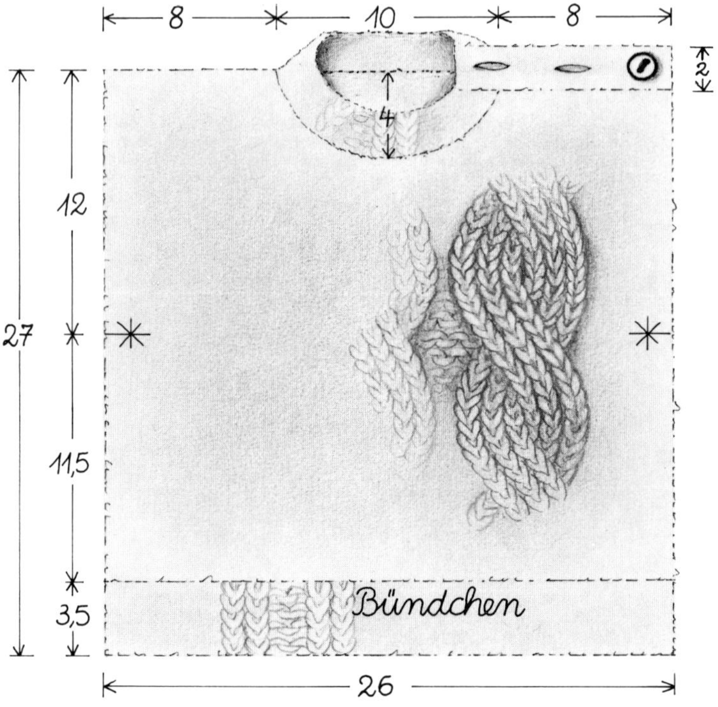

nächst die rechte Schulter beenden. Dabei weiter in jeder 2. R. 2mal 3 M., 1mal 2 M. und 2mal 1 M. abketten. In 27 cm Gesamth. die restl. 26 M. abketten. Die linke Schulter bis 26 cm Gesamthöhe gegengleich arbeiten, dann die M. stillegen.

Ärmel: *34 M. anschlagen und in Hin- und Rückr. für das Bündchen 3,5 cm im Rippenmuster stricken. Dann im Grundmuster weiterarbeiten, dabei für die Weite M. zunehmen, d. h. 10mal nach jeder 3. M. aus dem Querfaden der Vorr. 1 M. re. bzw. li. verschr. herausstricken. Anschließend 15mal abwechselnd in jeder 2. und 4. R. beidseitig je 1 M. zunehmen. In 20 cm Gesamth. die M. abketten. Den zweiten Ärmel genauso stricken.*

Ausarbeitung: *Die rechte Schulternaht schließen. Für die Blende aus dem Halsausschnitt und der Schmalseite der rückw. Schulterblende 72 M. herausstricken und 2 cm im Rippenmuster arbeiten, die M. abketten. Für die vord. Schulterblende zu den stillgelegten M. noch 4 M. aus der Schmalseite der Halsblende herausstricken und im Rippenmuster arbeiten. Dabei in 1 cm Höhe 3 Knopflöcher einstricken (s. Schema). Dafür jeweils 1 M. abketten und in der folg. R. wieder anschlagen. In 2 cm Blendenhöhe die M. abketten. Die Schulterblenden übereinanderlegen und die Ärmel von Vorderteil ∗ bis Rückenteil ∗ annähen. Die Ärmel- und Seitennähte schließen. Die Knöpfe annähen.*

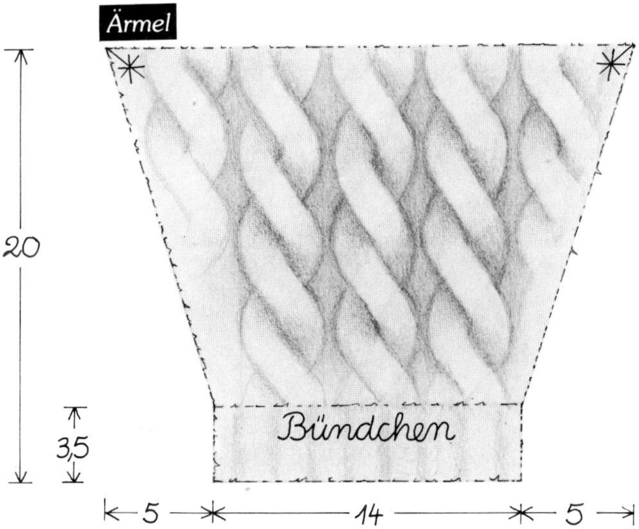

Motivpullover in Größe 74

Für angehende Rennfahrer: Bei diesem Baumwollpullover ist das Lieblingsspielzeug gleich eingestrickt.

Material: *200 g Baumwollgarn (Lauflänge 82 m/50 g), d. h. je 50 g in Türkis und Hellgrün, 100 g in Rosa sowie Reste derselben Stärke zum Aufsticken in Dunkelgrün, Weinrot, Lila, Pink und Orange, Stricknadeln Nr. 3,5 und 4 Knöpfe.*
Grundmuster: *glatt re. (Hinr. re., Rückr. li.), Flächenaufteilung s. Schemazeichnung, 1 Kästchen = 1 Masche. Das Schema zeigt das Maschenbild der rechten Seite, d. h. in den Rückr. müssen die links gezeichneten M. re. gestrickt werden.*
Maschenprobe: *19 M. in der Breite und 28 R. in der Höhe ergeben 10 cm im Quadrat.*
Vorderteil: *50 M. in Türkis anschlagen und zunächst für das Bündchen 4 cm im Rippenmuster (2 M. re., 2 M. li. im Wechsel) stricken. Dann im Grundmuster die Flächenaufteilung genau nach der Schemazeichnung ausführen. Nur in der grünen Fläche werden die li. gezeichneten M.*

(weiter Seite 94)

Vorderteil und Rückenteil

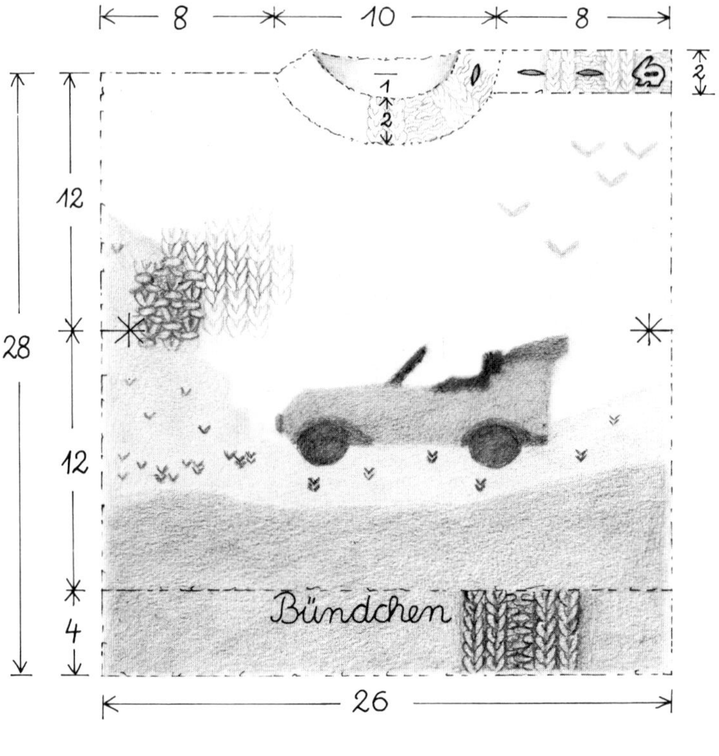

in den Hinr. li. und in den Rückr. re. gestrickt. Die dunkelgrünen Punkte, orangefarb. Vögel und Teile des Autos werden später im Maschenstich aufgestickt. Es wird fast ständig mit mehreren Knäulen gleichzeitig gearbeitet. Damit zwischen den einzelnen Flächen eine feste Verbindung entsteht, müssen bei jedem Farbwechsel in einer R. die beiden Fäden auf der Rückseite miteinander verkreuzt werden. Die Abnahmen für den vord. Halsausschnitt nach dem Schema vornehmen und die 16 M. der rechten Schulter stilllegen. Die M. der linken Schulter ab 27 cm Gesamth. für die Verschlußblenden im Rippenmuster weiterstricken. Dabei in 1 cm Blendenhöhe 3 Knopflöcher wie im Schnittschema eingezeichnet einarbeiten. Dafür in der nächsten Hinr. jeweils 1 M. abk. und in der folg. Rückr. wieder anschlagen. In 2 cm Blendenhöhe die M. abk.

Das ***Rückenteil*** *genau wie das Vorderteil arbeiten, jedoch die Flächenaufteilung gegengleich ausführen. Die Abnahmen für den rückw. Halsausschnitt nach der Schemazeichnung vornehmen und die Verschlußblende ohne Knopflöcher stricken.*
Ärmel: *24 M. in Rosa anschlagen und zunächst für das Bündchen 4 cm im Rippenmuster arbeiten. Dann im Grundmuster weiterstricken, dabei für die Weite in der 1. R. M. zunehmen, d. h. 2mal nach jeder 10. M. aus dem Querfaden der Vorr. 1 M. re. verschr. herausstricken. Anschließend 10mal in jeder 4. R. beidseitig je 1 M. zunehmen. In 20 cm Gesamth. die M. abketten. Den zweiten Ärmel genauso stricken.*
Ausarbeitung: *Die M. der rechten Schulter im Maschenstich zusammennähen. Die dunkelgrünen Punkte und orangefarb. Vögel sowie Teile des Autos im Maschenstich nach der Schemazeichnung*

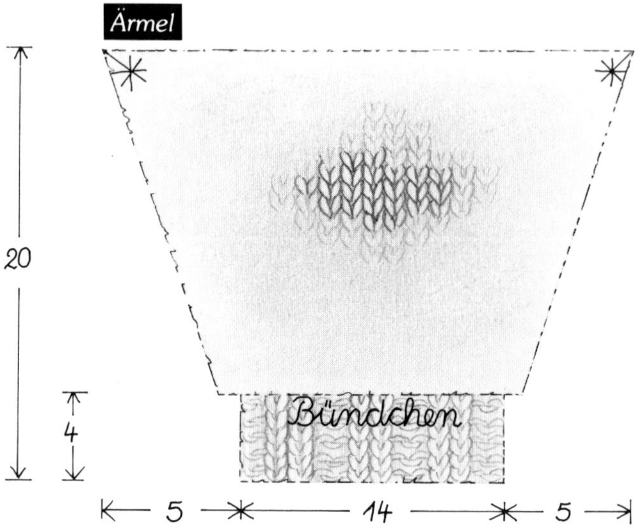

aufsticken. Die Seiten- und Ärmelnähte schließen. Die Verschlußblenden der linken Schulter übereinanderlegen und die Ärmel ∗ an ∗ einnähen. Für die Blende aus dem Halsausschnitt und den Kanten der Verschlußblenden insgesamt 54 M. in Rosa herausstricken und im Rippenmuster weiterarbeiten, dabei in 1 cm Höhe noch ein Knopfloch einarbeiten, wie im Schnittschema eingezeichnet. In 2 cm Blendenhöhe die M. abketten. Die Knöpfe annähen.

Vorderteil

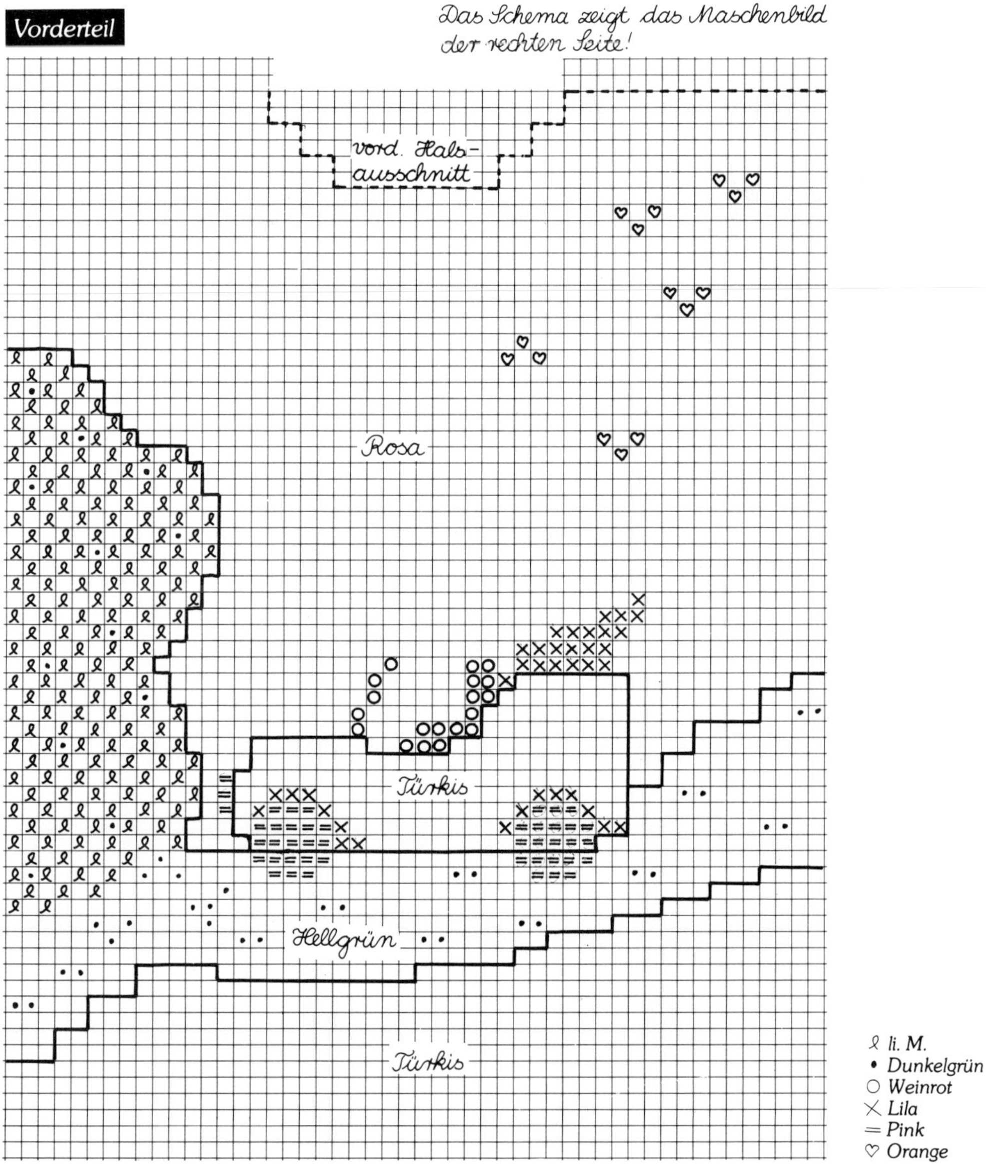

Pullover mit bunten Noppen in Größe 74

Für kleine Clowns: Ein glatt rechts gestrickter Mohairpullover, in den kunterbunte Noppen gleich eingestrickt werden. Praktisch zum Verbrauchen von Resten.

Material: *150 g pinkfarb. Mohairwolle (Lauflänge 100 m/50 g) und bunte Reste derselben Stärke, je 1 kurze Rundstricknadel Nr. 5 und Nr. 5,5 sowie 3 Knöpfe.*
Grundmuster: *glatt re. (Hinr. re., Rückr. li., in Runden nur re.) mit Noppen, Maschenzahl teilbar durch 18.* ***Noppe:*** *5 M. re. in die betreffende M. stricken, dabei abwechselnd 1mal von vorne und 1mal von hinten in die M. einstechen. Über diese 5 M. 4 R. glatt re. arbeiten. Dann mit der linken Nadel nacheinander die ersten M. über die 5. M. ziehen, wobei mit der nächstliegenden M. begonnen wird (also zuerst die 4. M. über die 5. M., dann die 3. M. über die 5. M. usw.).*
Maschenprobe: *14 M. in der Breite und 19 R. in der Höhe ergeben 10 cm im Quadrat.*
Rücken- und Vorderteil *werden bis zu den Armausschnitten in einem Stück in Runden gestrickt. Dafür 72 M. mit Nadel Nr. 5 anschlagen, zur Rd. schließen und zunächst für das Bündchen 3 cm im Rippenmuster (2 M. re., 2 M. li. im Wechsel)*

(weiter Seite 98)

Vorderteil und Rückenteil

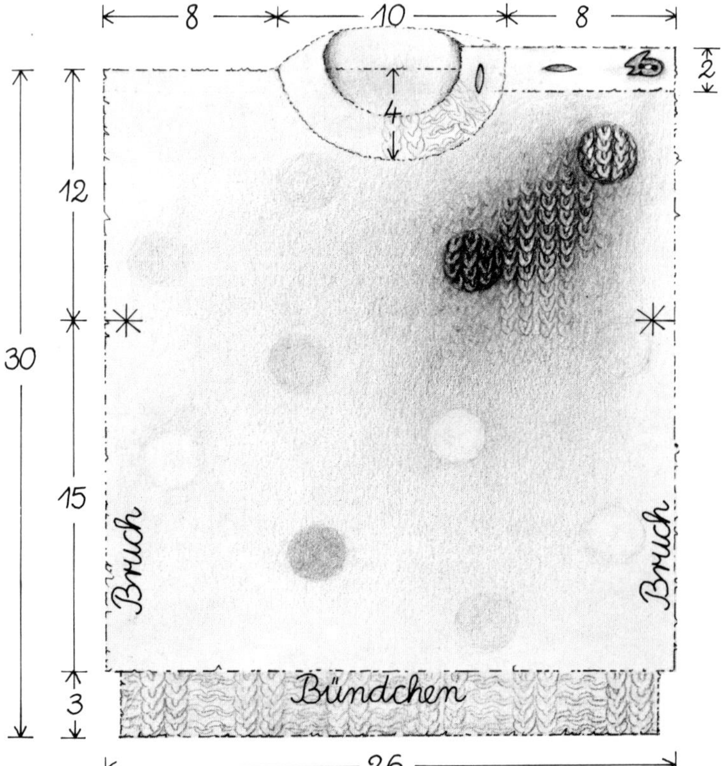

stricken. Dann mit Nadel Nr. 5,5 im Grundmuster weiterarbeiten. Dabei in der 5. Rd. mit dem Einstricken der bunten Noppen beginnen. Dafür in die 5. M. und weiter in jede folg. 18. M. eine andersfarb. Noppe, wie beschrieben, arbeiten. In der 11. Rd. die Noppen versetzen, d. h. in die 14. M. und weiter in jede folg. 18. M. eine Noppe arbeiten. Die Noppen weiter in diesen Abständen einstricken, d. h. die 1.–12. Rd. fortlfd. wiederholen. In 18 cm Gesamth. die Arbeit für Rücken- und Vorderteil in zwei gleiche Hälften teilen, d. h. 36 M. für das Vorderteil auf einer Hilfsnadel stillegen. Mit den übrigen 36 M. in Hin- und Rückr. zunächst das Rückenteil weiter gerade hochstricken. In 30 cm Gesamth. für die rechte Schulter und den rückw. Halsausschnitt insgesamt 25 M. stillegen. Mit den restlichen 11 M. für die Verschlußblende noch 1 cm im Rippenmuster stricken, dann die M. abketten.
Das Vorderteil bis 26 cm Gesamth. genau wie das Rückenteil stricken. Dann für den vord. Halsausschnitt die mittl. 6 M. abketten und zunächst die rechte Schulter beenden. Dabei weiter in jeder 2. R. 1mal 2 M. und 2mal 1 M., in 30 cm Gesamth. die übrigen 11 M. stillegen. Die linke Schulter gegengleich arbeiten. Dabei in 29 cm Gesamth. für die Verschlußblende im Rippenmuster weiterstricken, dabei in 1 cm Blendenhöhe gleichmäßig verteilt (s. Schema) 2 Knopflöcher einstricken. Dafür jeweils 1 M. abketten und in der folg. R. wieder anschlagen. In 2 cm Blendenhöhe die M. abketten.
***Ärmel:** 18 M. mit Nadel Nr. 5 anschlagen und in Hin- und Rückr. zunächst für das Bündchen 3 cm im Rippenmuster stricken. Anschließend mit Nadel Nr. 5,5 im Grundmuster weiterarbeiten. Dabei für die Weite 2 M. zunehmen, d. h. nach der 4. und der folg. 9. M. aus dem Querfaden der Vorr. 1 M. re. verschr. herausstricken. Das Noppenmuster wie beim Rücken- und Vorderteil ausführen. Außerdem 7mal in jeder 4. R. beidseitig je 1 M. zunehmen. Das Noppenmuster seitlich entspr. fortsetzen. In 20 cm Gesamth. die M. abk. Den zweiten Ärmel genauso stricken, jedoch mit andersfarb. Noppen.*
***Ausarbeitung:** Die rechte Schulter über 11 M. im Maschenstich und die Ärmelnähte schließen. Die Verschlußblenden übereinanderlegen und die Ärmel einnähen. Für die Blende aus der vord. Verschlußblende und dem vord. Halsausschnitt 30 M. mit Nadel Nr. 5 herausstr., die stillgelegten 14 M. des rückw. Halsausschnittes wieder auf die Nadel nehmen, noch 2 M. aus der rückw. Verschlußblende herausstr. und in Hin- und Rückr. im Rippenmuster arbeiten, dabei in 1 cm Höhe noch 1 Knopfloch einstricken (s. Schema). In 2 cm Blendenhöhe die M. abketten. Die Knöpfe annähen.*

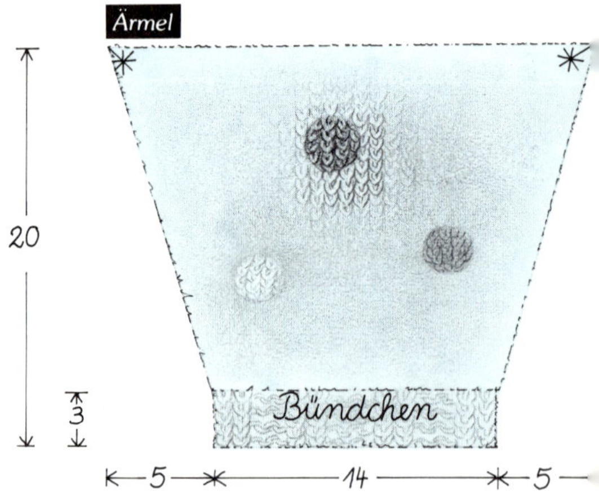

Wickelweste mit Lochmuster in Größe 74

Schützt im Sommer vor zuviel Sonne auf Rücken und Schultern: Die Wickelweste wird im zarten Lochmuster aus Baumwolle in einem Stück gestrickt (Foto Seite 100).

Material: 200 g weißes Cablé-Baumwollgarn (Lauflänge 81 m/50 g), Stricknadeln Nr. 3.
Grundmuster: Maschenzahl teilbar durch 10 plus 3 M. und 2 Randm.
1.–4. Reihe: glatt re. (Hinr. re., Rückr. li.). **5. Reihe:** 1 Randm., * 1 Umschl., 1 M. abheben, 2 M. re. zus.stricken und die abgeh. M. darüberziehen, 1 Umschl., 7 M. re., ab * fortlfd. wiederholen. Die R. endet mit 1 Umschl., 1 M. abheben, 2 M. re. zus.stricken und die abgeh. M. darüberziehen, 1 Randm. **6.–10. Reihe:** glatt re. **11. Reihe:** 1 Randm., * 5 M. re., 1 Umschl., 1 M. abheben, 2 M. re. zus.stricken und die abgeh. M. darüberziehen, 2 M. re., ab * fortlfd. wiederholen. Die R. endet mit 3 M. re., 1 Randm. **12. Reihe:** li. Die 1.–12. Reihe fortlfd. wiederholen.
Maschenprobe: 21 M. in der Breite und 32 R. in der Höhe = 10 cm im Quadrat.
Rückenteil und Vorderteile werden ohne Schulternähte in einem Stück gestrickt und an der rückw. unteren Blende begonnen. Dafür 55 M. anschlagen und zunächst 1,5 cm kraus re. (Hinr. re., Rückr. re.) stricken. Dann im Grundmuster weiterarbeiten. In 10,5 cm Gesamth. für die Ärmel beidseitig je 13 M. dazu anschlagen, gerade weiterstricken, dabei das Muster seitlich entspr. fortsetzen, jedoch für die Ärmelblenden beidseitig die äußeren 6 M. kraus re. arbeiten. Ab 17,5 cm Gesamth. für die rückw. Halsblende die mittl. 31 M. ebenfalls kraus re. stricken. In 19 cm Gesamth. ist die Bruchlinie auf der Schulter erreicht. Hier für den rückw. Halsausschnitt die mittl. 19 M. abketten und mit dem rechten Vorderteil beginnen (die übrigen M. inzwischen stillegen). Dabei weiter für die Ärmelblende und die vord. Blende beidseitig die äußeren M. kraus re., die übrigen M. im Grundmuster stricken. Außerdem für die Schrägung der vord. Kante in jeder Hinr. vor der 6. letzten M. 1 Umschl. aufnehmen. Den

(weiter Seite 101)

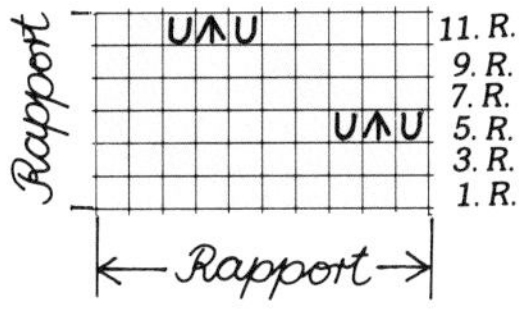

□ re. M.
U Umschl.
∧ 1 M. abheben, 2 M. re. zus. str. und die abgeh. M. darüberziehen.

Umschl. in der folg. Rückr. li. stricken, so daß ein Loch entsteht. Gleichzeitig in 27,5 cm Gesamth. die 13 Ärmelm. abketten. In 36,5 cm Gesamth. für das Bindeband an der vord. Blende 70 M. dazu anschlagen und über alle M. kraus re. weiterstricken. In 38 cm Gesamth. die M. abketten. Das linke Vorderteil gegengleich beenden.

Ausarbeitung: Die Ärmel- und Seitennähte schließen.

Vorderteil- und Rückenteil-Hälfte

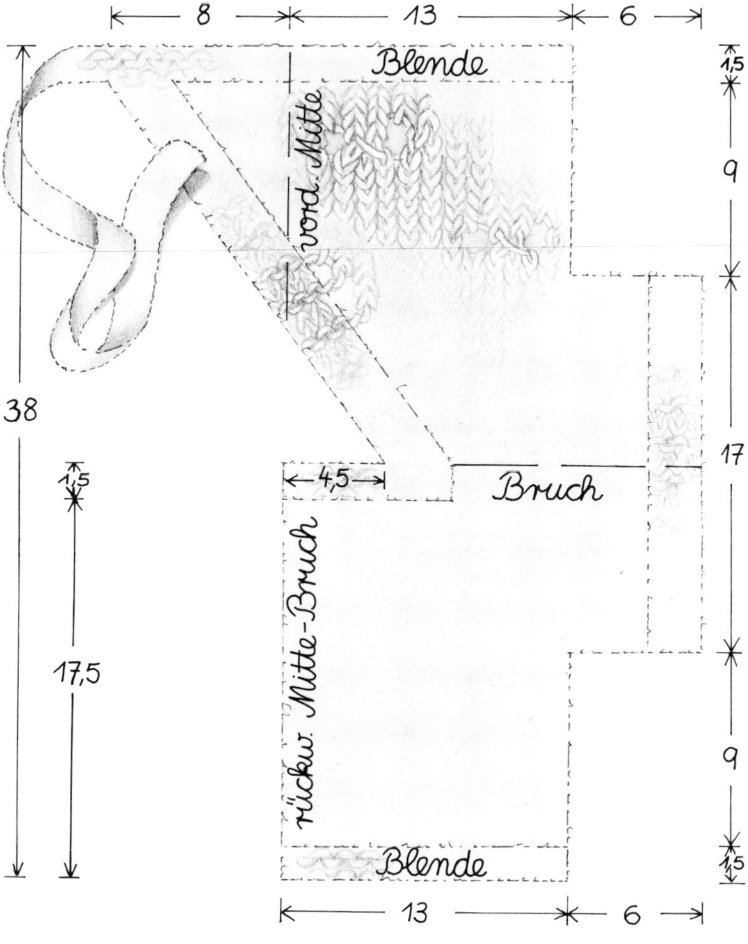

Rosa Hose in Größe 80

Auch bei etwas Größeren wärmt diese Hose noch Po und Beinchen. Sie wird aus dicker weicher Wolle gestrickt und in der Taille mit einer Kordel gebunden.

Material: *200 g rosafarb. dicke Dochtwolle (Lauflänge 55 m/50 g), 1 kurze Rundstricknadel Nr. 5.*
Grundmuster: *kraus re. (Hinr. re., Rückr. re., in Runden: 1 Rd. re., 1 Rd. li. im Wechsel).*
Maschenprobe: *14 M. in der Breite und 26 R. in der Höhe = 10 cm im Quadrat.*
Die ***Hose*** *wird an einem Bein begonnen. Dafür 38 M. anschlagen und in Hin- und Rückr. zunächst für das Bündchen 5 cm im Rippenmuster (1 M. re., 1 M. li. im Wechsel) stricken. Dann im Grundmuster weiterarbeiten. Dabei für die Weite 6mal abwechselnd in jeder 4. und 6. R. beidseitig je 1 M. zunehmen. In 18 cm Gesamth. beidseitig je 2 M. abketten und das Teil stillegen. Das zweite Bein genauso weit stricken. Nun die beiden Teile gemeinsam auf die Nadel nehmen und die Hose in Rd. beenden. Dabei für den Zwickel in der vord. Mitte 4mal in jeder 2. Rd. (stets in einer re. Rd.) je 2 M. re. zus.stricken, in der rückw. Mitte 2mal in jeder 2. Rd. und 2mal in jeder 4. Rd. je 2 M. re. zus.stricken. Mit den übrigen 84 M. gerade hocharbeiten. In 31 cm Gesamth. für das obere Bündchen im Rippenmuster weiterstricken. In 35 cm Gesamth. die M. abketten.*
Ausarbeitung: *Die Beinnähte und die kurze Zwickelnaht schließen. Eine lange Kordel drehen und durch die Maschen des oberen Bündchens einziehen.*

Vorderteil- und Rückenteil-Hälfte

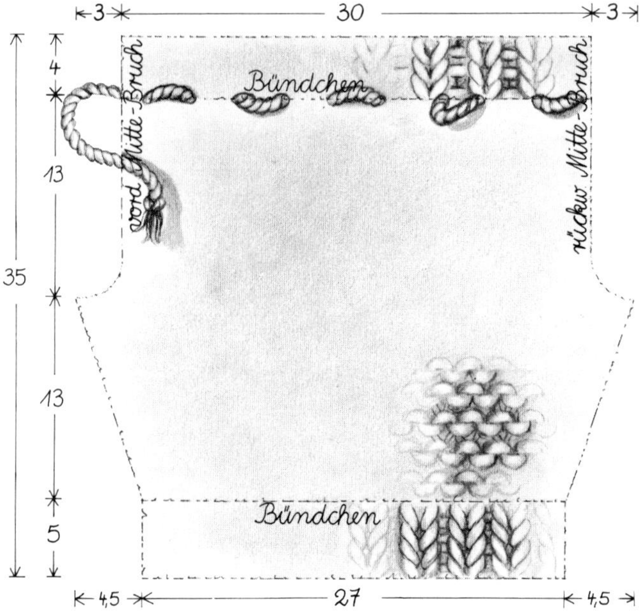

Mohairpulli in Größe 80

In dem flauschigen Mohairpullover fühlen sich sowohl Mädchen als auch Jungen wohl. Die Wolle gibt es in so vielen schönen Farben, daß man gleich mehrere davon stricken könnte!

Material: 100 g rosa Mohairwolle (Lauflänge 125 m/50 g), Stricknadeln Nr. 6 sowie 6 Knöpfe.
Grundmuster: Lochmuster, s. auch Schemazeichnung. Maschenzahl teilbar durch 8 und 2 Randm. Das Schema zeigt nur die Hinreihen. **1. Reihe:** 1 Randm., * 3 M. re., 1 Umschl., 1 M. abheben, 1 M. re. und die abgeh. M. darüberziehen, 3 M. re., ab * fortlfd. wiederholen, 1 Randm. **2. und jede weitere Rückreihe:** links, auch die Umschl. **3. Reihe:** 1 Randm., * 1 M. re., 2 M. re. zus.str., 1 Umschl., 1 M. re., 1 Umschl., 1 M. abheben, 1 M. re. und die abgeh. M. darüberziehen, 2 M. re., ab * fortlfd. wiederholen, 1 Randm. **5. Reihe:** rechts. **7. Reihe:** 1 Randm., * 1 M. abheben, 1 M. re. und die abgeh. M. darüberziehen, 6 M. re., 1 Umschl., ab * fortlfd. wiederholen, 1 Randm. **9. Reihe:** 1 Randm., * 1 Umschl., 1 M. abheben, 1 M. re. und die abgeh. M. darüberziehen,

(weiter Seite 106)

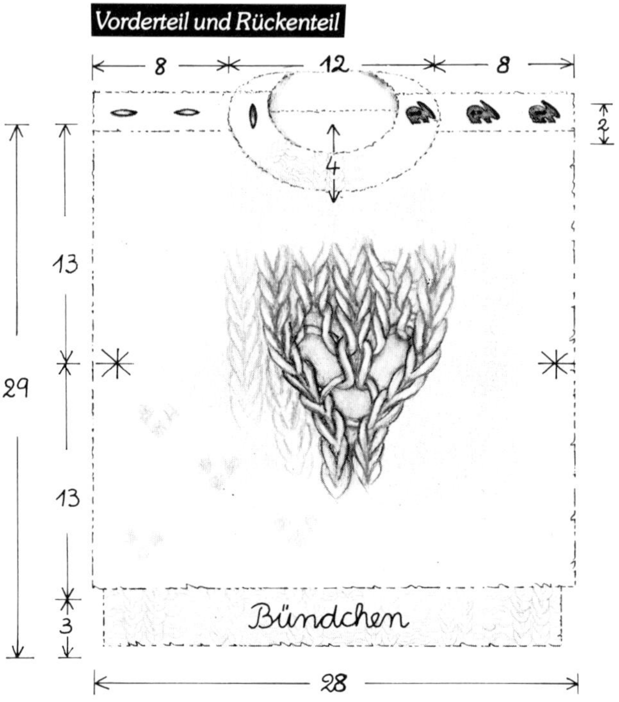

*3 M. re., 2 M. re. zus.str., 1 Umschl., 1 M. re., ab * fortlfd. wiederholen, 1 Randm.*
11. Reihe: *rechts. Die 1.–12. Reihe fortlaufend wiederholen.*
Maschenprobe: *14 M. in der Breite und 22 R. in der Höhe ergeben 10 cm im Quadrat.*
Rückenteil: *38 M. anschlagen und in Hin- und Rückr. zunächst für das Bündchen 3 cm im Rippenmuster (2 M. re., 2 M. li. im Wechsel) stricken. Dann im Grundmuster weiterarbeiten. Dabei in der 1. R. gleichmäßig verteilt 4 M. zunehmen, damit das Muster aufgeht. Außerdem beim Stricken darauf achten, daß nicht mehr M. zus.gestrickt als Umschl. aufgenommen wurden und umgekehrt. Bis 28 cm Gesamth. gerade hocharbeiten. Dann 2 cm im Rippenmuster stricken und alle M. abketten.*
Das ***Vorderteil*** *wird bis 25 cm Gesamth. genau wie das Rückenteil gestrickt. Dann für den vord. Halsausschnitt die mittleren 6 M. abketten und zunächst eine Schulter beenden. Dabei weiter in jeder 2. R. 2mal 3 M. abketten. Gleichzeitig in 28 cm Gesamth. für die Schulterblende im Rippenmuster weiterstricken. In 1 cm Höhe 2 Knopflöcher einarbeiten (s. Schnittschema). Dafür jeweils 1 M. abketten und in der folg. R. wieder anschlagen. In 30 cm Gesamth. die übrigen 12 M. abketten. Die zweite Schulter gegengleich beenden.*
Ärmel: *24 M. anschlagen und in Hin- und Rückr. zunächst für das Bündchen 3 cm im Rippenmuster stricken. Dann im Grundmuster weiterarbeiten, dabei das Muster von der Ärmelmitte aus einrichten (s. Schema). Anschließend für die Ärmelweite 6mal in jeder 6. R. beidseitig je 1 M. zunehmen und das Muster seitlich fortsetzen. Dabei wieder darauf achten, daß nicht mehr M. zus.gestrickt als Umschl. aufgenommen wurden und umgekehrt. In 24 cm Gesamth. die M. abketten. Den zweiten Ärmel genauso stricken.*
Ausarbeitung: *Für die Blende aus dem vord. Halsausschnitt 30 M. herausstricken und in Hin- und Rückr. im Rippenmuster arbeiten. Dabei in 1 cm Höhe jeweils am Ende der Blende (s. Schnittschema) 1 Knopfloch einarbeiten. In 2 cm Blendenhöhe die M. abketten. Die Seiten- und Ärmelnähte schließen. Die Schulterblenden übereinanderlegen, die Ärmel einnähen und die Knöpfe annähen.*

Ärmel

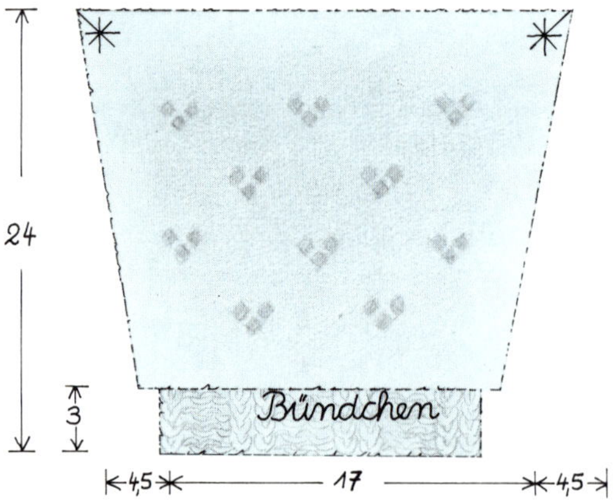

□ re. M.
U Umschl.
\ 1 M. abheben, 1 M. re. und die abgeh. M. darüberziehen
/ 2. M. re. zus. str.

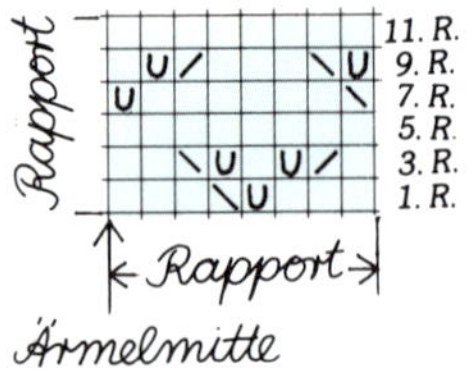

Schaf

Ein Kuscheltier zum Liebhaben: Das Schaf wird aus glatter Wolle und flauschiger Mohairwolle kraus rechts gestrickt. Das Innenleben besteht aus Aquariumwatte, daher ist das Tier leicht zu waschen (Foto Seite 108).

Material: *100 g dicke, naturfarb. Bouclé-Mohairwolle (Lauflänge ca. 45 m/100 g), 50 g naturfarb. Sportwolle (Lauflänge 100 m/50 g), 50 g naturfarb. Mohairwolle und ein Rest in Pink (Lauflänge 125 m/50 g), Stricknadeln Nr. 4 und Nr. 7 sowie Aquariumwatte zum Ausstopfen.*
Grundmuster: *kraus re. (Hinr. re., Rückr. re.).*
Maschenprobe: *Mit Nadeln Nr. 4 und Sportwolle ergeben 17 M. in der Breite und 32 R. in der Höhe 10 cm im Quadrat.*
Anleitung: *Zuerst wird das* ***Bauchteil*** *mit den Beininnenseiten gestrickt. Es wird mit einem Bein begonnen. Dafür 10 M. mit Nadeln Nr. 4 und Sportwolle anschlagen und im Grundmuster 10 cm gerade hochstricken, die M. stillegen. Das zweite Bein genauso weit stricken. Nun beide Teile auf die Nadel nehmen, dazwischen für den Bauch 13 M. dazu anschlagen und mit allen 33 M. weiterstricken. In 19 cm Gesamth. die mittl. 13 M. wieder abketten. Die Beine getrennt bis 29 cm Gesamth. arbeiten, die M. abketten.*
Das ***Rückenteil*** *mit den Beinaußenseiten wird im gleichen Prinzip gearbeitet. Für das erste Bein 10 M. mit Nadeln Nr. 4 und naturfarb. Mohairwolle anschlagen und im Grundmuster 10 cm gerade hochstricken, die M. stillegen. Das zweite Bein genauso weit arbeiten. Nun mit der Bouclé-Mohairwolle und Nadeln Nr. 7 weiterstricken. Dabei jeweils 2 M. re. bei den Beinen zus.stricken und zwischen den beiden Teilen für den Rücken 6 M. dazu*

(weiter Seite 109)

Rückenteil-Hälfte

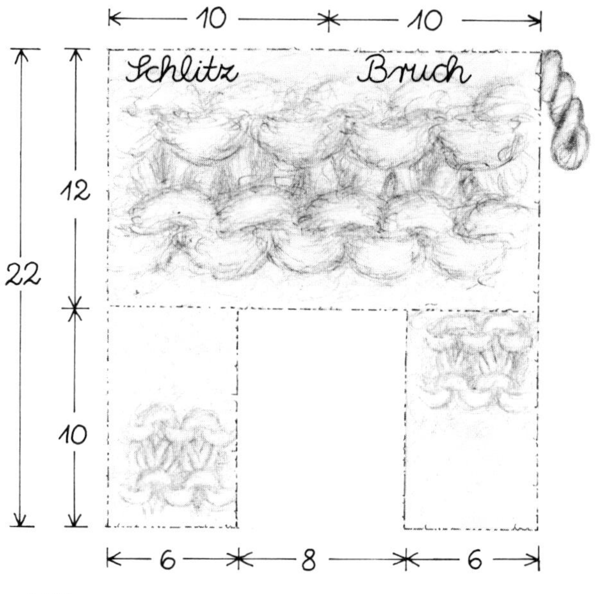

Bauchteil-Hälfte

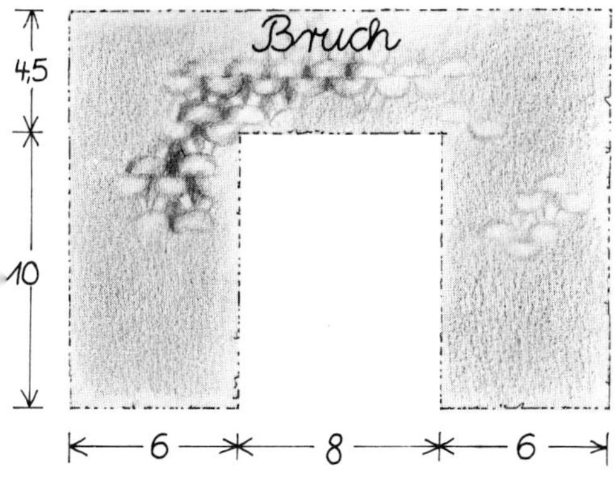

anschlagen. Mit diesen 16 M. bis 22 cm Gesamth. gerade hocharbeiten. Dann für den Schlitz (hier wird später der Kopf angenäht) 8 M. abketten. Diese 8 M. in der nächsten R. wieder anschlagen und das Teil gegengleich beenden, d. h. in 34 cm Gesamth. die mittl. 6 M. abketten und die Beine mit Nadeln Nr. 4 und dünner Mohairwolle getrennt beenden. Dabei in der 1. R. aus jeder M. 2 re. M. herausstricken (1mal von vorne, 1mal von hinten einstechen). In 44 cm Gesamth. die M. abk.

Das ***Kopfteil*** *wird an der Schnauze begonnen. Dafür 7 M. mit Nadeln Nr. 4 in Pink anschlagen und im Grundmuster arbeiten. Dabei in der 3. und 5. R. die Maschenzahl verdoppeln, d. h. aus jeder M. 2 re. M. herausstricken (28 M.). Noch insgesamt 8 R. mit naturfarb. Mohairwolle weiterarbeiten. Dabei die mittl. 4 M. markieren und in der 1. R. in dieser Farbe vor und nach den markierten M. aus dem Querfaden der Vorr. 1 M. re. verschr. herausstricken. Zusätzlich am Anfang und Ende der R. je 1 M. zunehmen. Diese Zunahmen noch 2mal in jeder folg. 2. R. genauso wiederholen (40 M.). In 5 cm Gesamth. für den Hals beidseitig je 5 M. dazu anschlagen, gerade weiterstricken. In 12 cm Gesamth. mit den Abnahmen für die Kopfrundung beginnen. Dafür in der folg. R. die 14. und 15. M., die 21. und 22. M., die 29. und 30. M. und die 36. und 37. M. re. zus.stricken. Diese Abnahmen noch 5mal in jeder 2. R. an den gleichen 4 Stellen wiederholen, die M. also stets über den vorherigen Abnahmen zus.stricken. Dann die restlichen 26 M. abketten.*

Für ein ***Ohr*** *6 M. mit Nadeln Nr. 4 in naturfarb. Mohairwolle anschlagen und im Grundmuster arbeiten. Dabei 2mal in jeder 2. R. und 1mal in der folg. 4. R. beidseitig je 1 M. zunehmen. 6 R. gerade weiterstricken. In der folg. R. und noch 3mal in jeder 4. R. beidseitig je 1 M. abnehmen, dann die restlichen M. abketten. Dieses Teil noch 1mal genauso stricken. Für die Innenseiten der Ohren das Teil 2mal in Pink etwas schmaler anfertigen, d. h. mit 5 Anschlagm. beginnen, dann wie beschrieben arbeiten.*

Ausarbeitung: *Beim Kopfteil die rückw. und vord. Naht schließen, die Anschlagm. an der Schnauze mit einem Faden zusammenziehen. Je 1 natur- und 1 pinkfarb. Ohrenteil zusammennähen und mit der naturfarb. Seite nach außen am Kopf festnähen. Den Kopf mit Aquariumwatte ausstopfen. Das Rücken- und das Bauchteil mit den Beinen zusammennähen. Für den Schwanz eine 6 cm lange Kordel drehen und in die rückw. Naht schieben. Die rückw. und vord. Naht schließen. Den Körper und die Beine fest ausstopfen und den Kopf an der dafür vorgesehenen Öffnung festnähen.*

Kopf-Hälfte

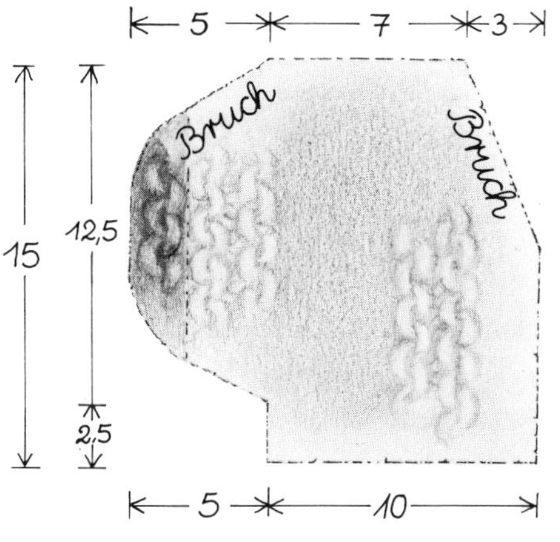

Ohr

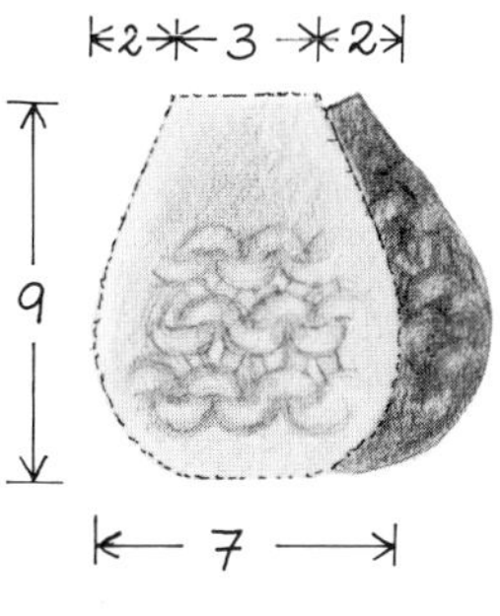

Ringelpulli in Größe 80

Viele bunte Ringel aus Baumwolle kommen hier zu einem lustigen Pullover zusammen. Er paßt zu Jeans und Cordhosen und ist genau das richtige zum Toben.

Material: 450 g Topflappenbaumwolle (Lauflänge 87 m/50 g), d. h. je 50 g in Dunkelblau, Zyklam, Hellgrün, Lila, Rot, Orange, Türkis, Grün und Pink, je 1 Rundstricknadel Nr. 3 und Nr. 3,5 sowie 3 Knöpfe.

Grundmuster: glatt re. (Hinr. re., Rückr. li.), in Runden nur re.

Farbfolge: * je 4 R. in Dunkelblau, Zyklam, Hellgrün, Lila, Rot, Orange, Türkis, Grün, Pink, ab * fortlaufend wiederholen.

Maschenprobe: 20 M. in der Breite und 28 R. in der Höhe ergeben 10 cm im Quadrat.

Rücken- und Vorderteil werden bis zu den Armausschnitten in einem Stück in Rd. gestrickt. Dafür 112 M. mit Nadel Nr. 3 in Dunkelblau anschlagen, zur Rd. schließen und für das Bündchen 4,5 cm im Rippenmuster (2 M. re., 2 M. li. im Wechsel) stricken. Dann mit Nadel Nr. 3,5

(weiter Seite 112)

Vorderteil und Rückenteil

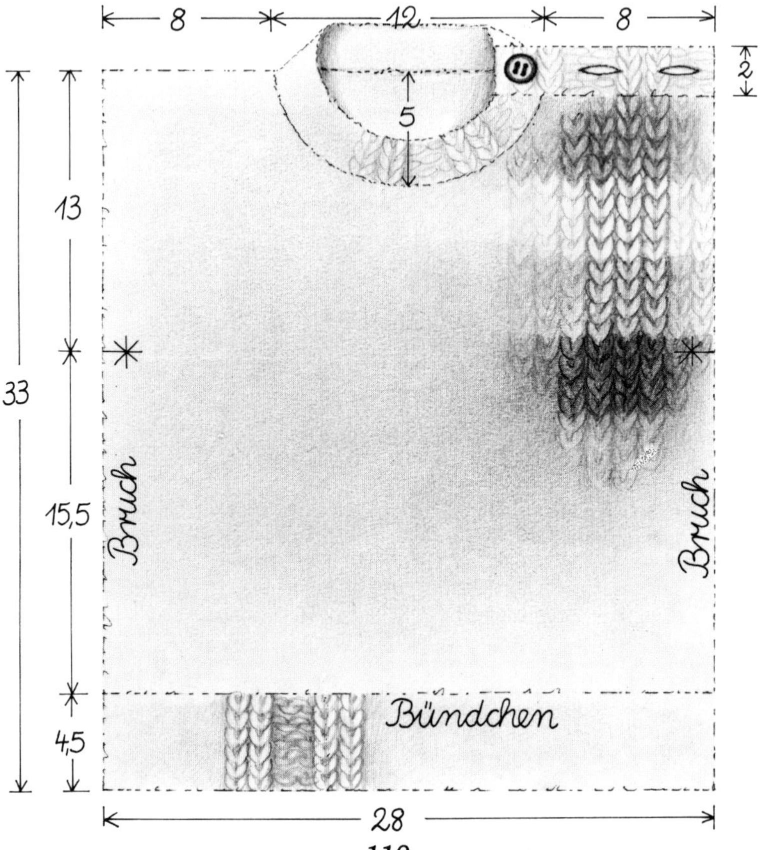

im Grundmuster in der angegebenen Farbfolge gerade hocharbeiten. In 20 cm Gesamthöhe die Arbeit für Rücken- und Vorderteil in zwei gleiche Hälften teilen, d. h. 56 Maschen für das Vorderteil auf einer Hilfsnadel stillegen. Mit den übrigen 56 Maschen zunächst das Rückenteil in Hin- und Rückr. gerade hochstricken. In 33 cm Gesamthöhe für die rechte Schulter 16 Maschen abketten, für den rückw. Halsausschnitt 24 M. stillegen. Mit den 16 M. der li. Schulter noch 1 cm für die Knopfblende im Rippenmuster stricken. Dann die M. abketten. Das Vorderteil bis 28 cm Gesamth. genauso stricken. Dann für den vord. Halsausschnitt die mittl. 8 M. abketten und zunächst die rechte Schulter beenden. Dabei weiter in jeder 2. R. 3mal 2 Maschen und 2mal 1 M. abketten. In 33 cm Gesamthöhe die restl. 16 M. abketten. Die li. Schulter gegengleich arbeiten, jedoch in 32 cm Gesamthöhe die Schulterm. stillegen.

Ärmel: 36 M. mit Nadel Nr. 3 in Zyklam anschlagen und in Hin- und Rückr. für das Bündchen 4,5 cm im Rippenmuster stricken. Dann mit Nadel Nr. 3,5 im Grundmuster in der angegebenen Farbfolge weiterarbeiten, d. h. es wird mit dem zyklamfarb. Streifen begonnen, dann wie gewohnt fortfahren. Dabei für die Weite 8mal in jeder 6. R. beidseitig je 1 M. zunehmen. In 24 cm Gesamth. alle M. abketten. Den zweiten Ärmel genauso str.

Ausarbeitung: Die rechte Schulternaht schließen. Aus dem vord. Halsausschnitt 34 M. mit Nadel Nr. 3 in Zyklam herausstricken, die stillgelegten 24 M. des rückw. Halsausschnittes dazu aufnehmen und aus der Schmalseite der Blende 2 M. herausstricken. Mit allen 60 M. für die Blende 2 cm im Rippenmuster arbeiten. Die M. abketten. Jetzt die stillgelegten 16 M. der li. Schulter in Arbeit nehmen, aus der Schmalseite der Halsblende 4 M. herausstricken und für die Verschlußblende im Rippenmuster arbeiten. Dabei in 1 cm Höhe 3 Knopflöcher einstricken (s. Schema). Dafür jeweils 1 M. abketten und in der folg. R. wieder anschlagen. In 2 cm Blendenhöhe die M. abketten. Die Ärmelnähte schließen. Die beiden Schulterblenden übereinanderlegen. Die Ärmel einnähen. Die Knöpfe annähen.

Ärmel

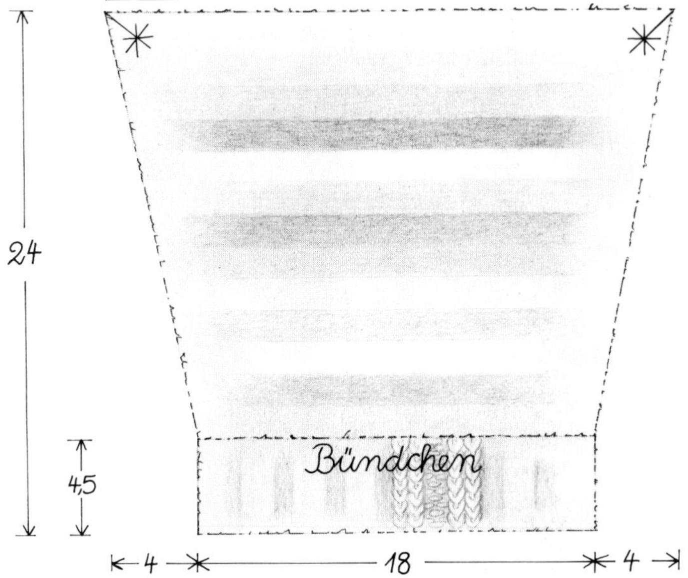

Langes Kleid mit Sternenpasse in Größe 80

Das ist hübsch für kleine Mädchen – und es wächst jahrelang mit: Ein Kleid aus dicker Sportwolle mit eingestricktem Norwegermuster (Foto Seite 114).

Material: 400 g dunkelblaue und 50 g lachsfarb. Sportwolle (Lauflänge 57 m/50 g), 1 Rundstricknadel Nr. 5 und 1 Häkelnadel Nr. 4.

Grundmuster: glatt re. (Hinr. re., Rückr. li., in Runden nur re.), Norwegermuster s. Schemazeichnung I und II.

(weiter Seite 115)

Vorderteil und Rückenteil mit Ärmeln

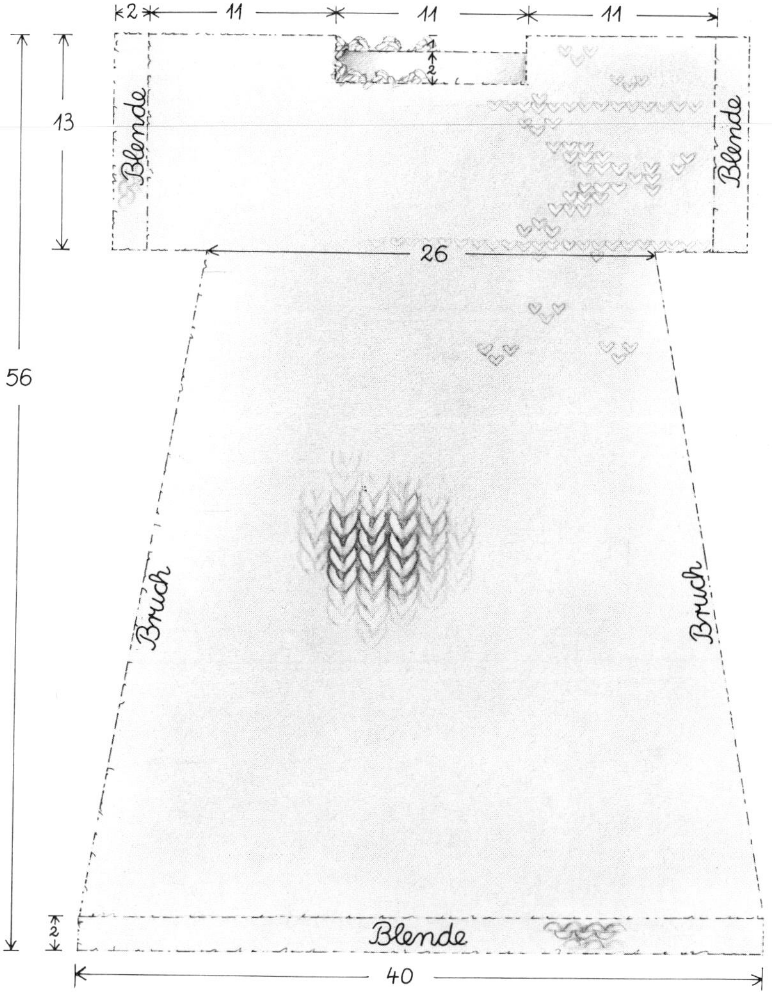

Langes Kleid mit Sternenpasse in Größe 80

Maschenprobe: *16 M. in der Breite und 21 R. in der Höhe ergeben 10 cm im Quadrat.*

Rücken- und Vorderteil *werden bis zum Beginn der Passe in einem Stück in Rd. gestrickt. Dafür 128 M. in Dunkelblau anschlagen, zur Rd. schließen und zunächst für die Blende 2 cm kraus re. (1 Rd. re., 1 Rd. li. im Wechsel) stricken. Dann im Grundmuster weiterarbeiten, dabei die kleinen Motive nach dem Schema I einstricken. Der Rapport wird in der Breite und Höhe fortlfd. wiederholt. Gleichzeitig in der 31. Rd. des Grundmusters mit den Abnahmen für die geringere Weite beginnen, d. h. 4mal jede 31. und 32. M. re. zus.stricken. Über diesen Abnahmestellen liegen jetzt zwischen den lachsfarb. Motiven nur noch 4 dunkelblaue M. Diese Abnahmen noch 7mal in jeder folg. 6. Rd. wiederholen, also stets 4mal 2 M. re. zus.-stricken, und zwar immer nur um einen Rapport zu den vorherigen Abnahmen verschoben. So bleiben die kleinen Motive stets versetzt übereinander, die Maschenzahl zwischen den Motiven verringert sich somit. Nach allen Abnahmen liegen noch jeweils 3 dunkelblaue M. zwischen den lachsfarb. Motiven. Es sind 96 M. auf der Nadel. Nach insgesamt 7 Rapporten in der Höhe weitere 2 Rd. in Dunkelblau arbeiten. Dabei in der letzten Rd. 10mal jede 8. und 9. M. re. zus.stricken. Dann die Arbeit für die Passe in 2 gleiche Hälften teilen, d. h. 43 M. für das Vorderteil auf einer Hilfsnadel stillegen. Zu den übrigen 43 M. für die kleinen Ärmel beidseitig je 7 M. dazu anschlagen und in Hin- und Rückr. zunächst das Rükkenteil gerade hochstricken. Dabei die Sternbordüre nach dem Schema II einstricken, d. h. die R. von der vord. Mitte aus gegengleich arbeiten. In 55 cm Gesamth. für den rückw. Halsausschnitt die mittl. 19 M. abketten und für die Schultern getrennt noch jeweils 2 R. stricken, die M. stillegen. Das Vorderteil im Prinzip genauso beenden, jedoch für den vord. Halsausschnitt die mittl. 19 M. bereits in 53 cm Gesamth. abketten und die Schultern getrennt beenden. Die M. stillegen.*

Ausarbeitung: *Die Schulternähte im Maschenstich schließen. Für die Blenden aus den Ärmeln je 42 M. in Dunkelblau herausstricken und in Hin- und Rückr. 2 cm kraus re. (Hinr. re., Rückr. re.) arbeiten, die M. abketten. Den Halsausschnitt mit 1 Rd. Mäusezähnchen in Lachs wie folgt umhäkeln: * 1 Kettm., 3 Lftm., 1 fe. M. auf die 1. der 3 Lftm., 2 M. bzw. R. der Kante übergehen, ab * fortlfd. wiederholen. Die Ärmelnähte schließen.*

Schema I

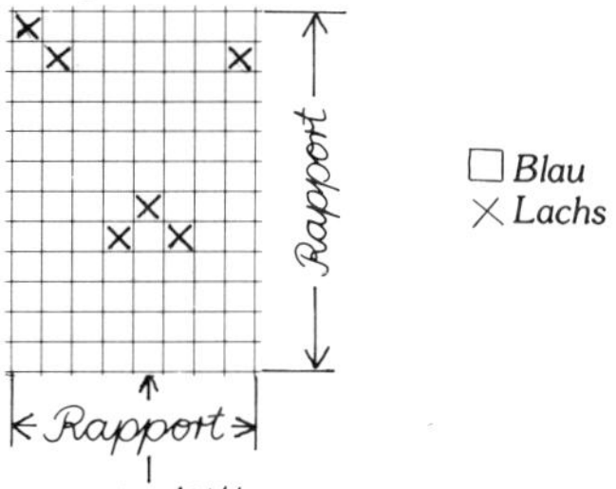

vord. Mitte

Schema II

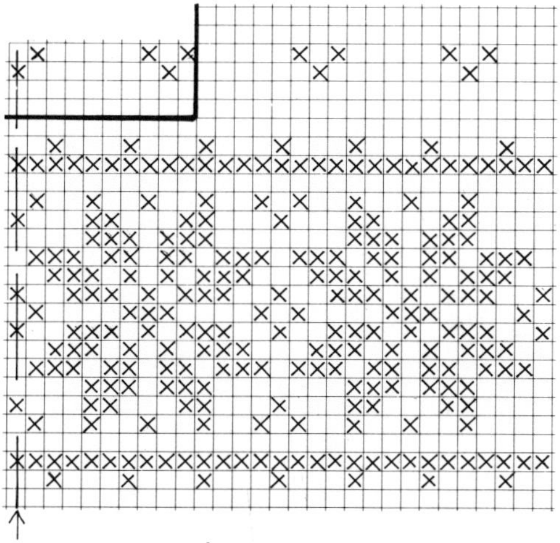

vord. und rückw. Mitte

Bunte Norwegerjacke in Größe 80

Ob im Sommer oder im Winter – diese Jacke ist immer richtig. Sie wird aus weicher Alpakawolle gestrickt und paßt über Kleidchen, kurze Hosen oder Jeans. Für das bunte Muster kann man auch viele Reste verbrauchen.

Material: *300 g Alpakawolle (Lauflänge 130 m/50 g), d. h. 100 g in Grün und je 50 g in Rosa, Blau, Rot und Gelb, Stricknadeln Nr. 3,5 und Nr. 4 sowie 5 Knöpfe.*
Grundmuster: *glatt re. (Hinr. re., Rückr. li.), Muster s. Schemazeichnung.*

Maschenprobe: *23 M. in der Breite und 26 R. in der Höhe ergeben 10 cm im Quadrat.*
Rücken- und Vorderteile *werden bis zu den Armausschnitten in einem Stück gestrickt. Dafür 134 M. in Grün mit Nadel Nr. 3,5 anschlagen und in Hin- und Rückr. zunächst für das Bündchen 5 cm im Rippenmuster (2 M. re., 2 M. li. im Wechsel) stricken. Dann mit Nadel Nr. 4 im Grundmuster das Muster nach der Schemazeichnung arbeiten, dabei die 1. und letzte M. jeder R. als Randm. str.*

(weiter Seite 118)

Vorderteil- und Rückenteil-Hälfte

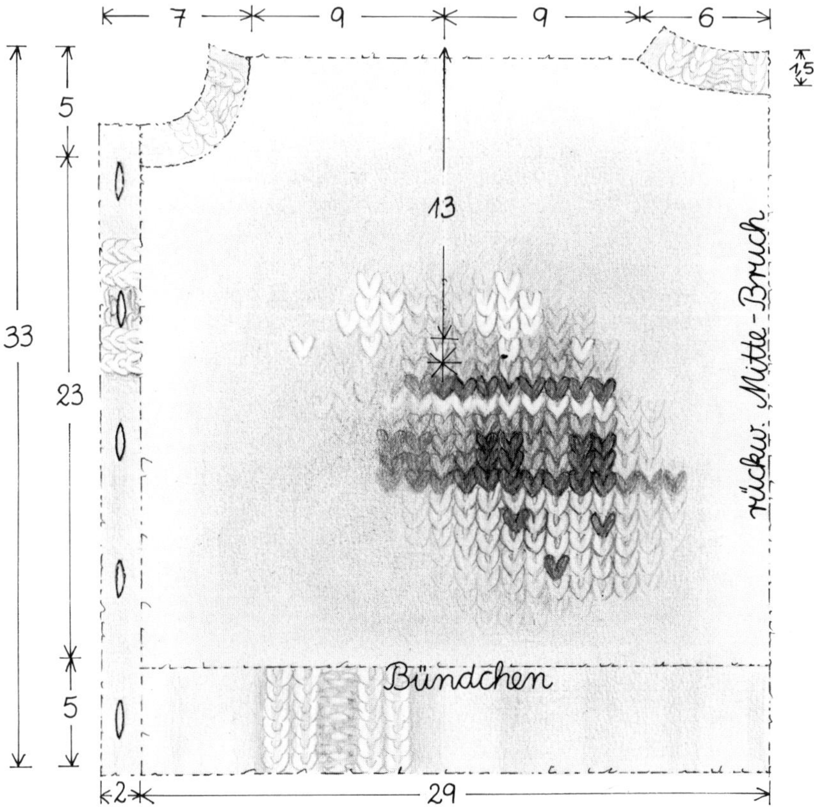

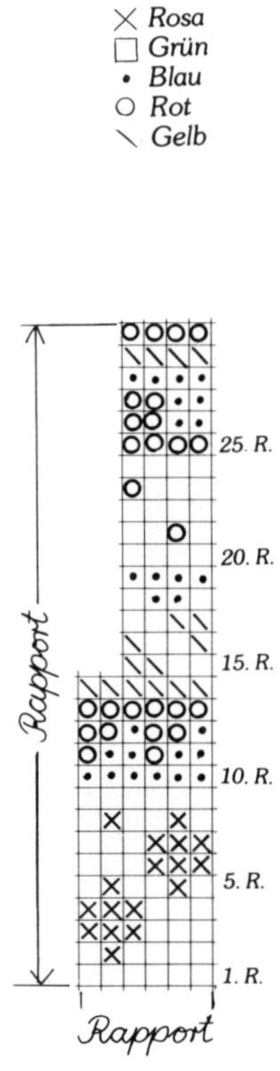

Den Rapport in der Breite und Höhe fortlaufend wiederholen. In 20 cm Gesamth. beidseitig die äußeren 33 M. auf einer Hilfsnadel stillegen und mit den mittl. 68 M. zunächst das Rückenteil beenden, gerade hochstricken. In 31,5 cm Gesamth. des Rückenteiles für den Halsausschnitt die mittl. 16 M. abketten und zunächst eine Schulter beenden. Dabei weiter in jeder 2. R. 1mal 3 M. und 1mal 2 M., in 33 cm Gesamth. die restlichen 21 M. abketten. Die zweite Schulter gegengleich stricken. Nun das rechte Vorderteil in gleich vielen R. wie das Rückenteil beenden. In 28 cm Gesamth. für den vord. Halsausschnitt 6 M. und weiter in jeder 2. R. 2mal 2 M. und 2mal 1 M., in 33 cm Gesamth. die restlichen 21 M. abketten. Das zweite Vorderteil gegengleich beenden.

Ärmel: 36 M. mit Nadel Nr. 3,5 in Grün anschlagen und in Hin- und Rückr. zunächst für das Bündchen 5 cm im Rippenmuster stricken. Dann mit Nadel Nr. 4 im Grundmuster das Muster weiterarbeiten. Dabei für die Weite in der 1. R. M. zunehmen, d. h. nach der 3. M. und noch 5mal nach jeder 6. M. aus dem Querfaden der Vorr. 1 M. re. verschr. herausstricken. Anschließend für die Ärmelweite 9mal abwechselnd in jeder 4. und 6. R. beidseitig je 1 M. zunehmen und das Muster seitlich entsprechend fortsetzen. In 24 cm Gesamth. die M. abketten. Den zweiten Ärmel genauso stricken.

Ausarbeitung: Die Schulter- und Ärmelnähte schließen, die Ärmel einnähen. Für die Blende aus dem Halsausschnitt 66 M. mit Nadel Nr. 3,5 in Grün herausstricken und in Hin- und Rückr. 2 cm im Rippenmuster arbeiten, die M. abketten. Für die vord. Blenden aus den Kanten (einschließlich Halsblende) jeweils 58 M. mit Nadel Nr. 3,5 in Grün herausstricken und im Rippenmuster arbeiten. Dabei in eine Blende (für Mädchen die rechte, für Jungen die linke Blende) in 1 cm Höhe gleichmäßig verteilt 5 Knopflöcher einarbeiten. Dafür jeweils 1 M. abketten und in der folg. R. wieder anschlagen. In 2 cm Höhe die M. abketten. Die Knöpfe annähen.

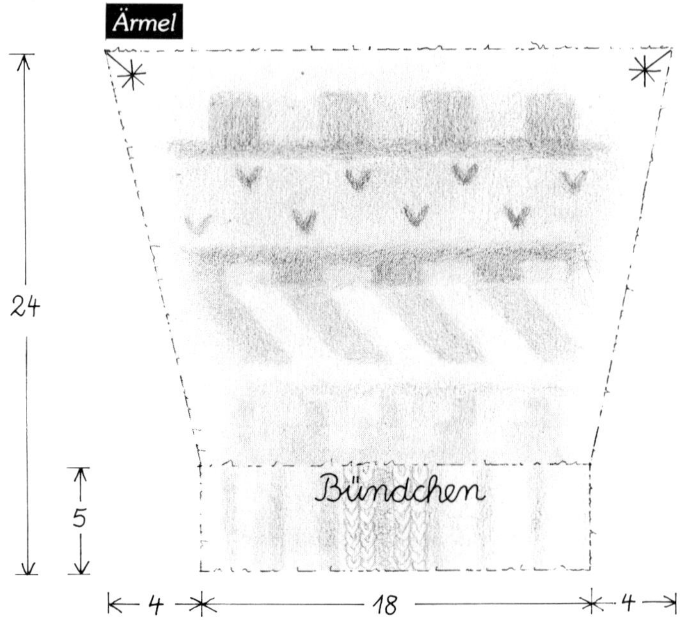

Baumwollpulli mit Lochmuster in Größe 80

Das kunstvolle Lochmuster und die kühle Baumwolle machen diesen Pulli zu einem Sommerliebling. Für den Winter kann man ihn auch aus Sportwolle stricken (Foto Seite 120).

Material: 300 g weißes Baumwollgarn (Lauflänge 92 m/50 g), je 1 Rundstricknadel Nr. 3 und Nr. 3,5 sowie 3 Knöpfe.
Grundmuster: Lochmuster (s. auch Schemazeichnung), Maschenzahl teilbar durch 10. Das Schema zeigt nur die Hinreihen. **1. Reihe/Runde:** * 1 M. re., 1 Umschl., 2 M. re., 1 M. abheben, 1 M. re. und die abgehobene M. darüberziehen, 1 M. re., 2 M. re. zus.stricken, 2 M. re., 1 Umschl., ab * fortlfd. wiederholen.
2. und jede weitere Rückreihe: alle M. und Umschl. li. (**2. und jede weitere gerade Rd.:** alle M. und Umschl. re.).
3. Reihe/Runde: * 2 M. re., 1 Umschl., 1 M. re., 1 M. abh., 1 M. re. und die abgeh. M. darüberz., 1 M. re., 2 M. re. zus.strikken, 1 M. re., 1 Umschl., 1 M. re., ab * fortlfd. wiederh. **5. Reihe/Runde:** * 3 M. re., 1 Umschl., 1 M. abh., 1 M. re. und die abgeh. M. darüberz., 1 M. re., 2 M. re. zus.stricken, 1 Umschl., 2 M. re., ab * fortlfd. wiederh. **7. Reihe/Runde:** * 4 M. re., 1 Umschl., 1 M. abh., 2 M. re. zus.stricken und die abgeh. M. darüberz., 1 Umschl., 3 M. re., ab * fortlfd. wiederh. **9. Reihe/Runde:** * 1 M. re., 2 M. re. zus.stricken, 2 M. re., 1 Umschl., 1 M. re., 1 Umschl., 2 M. re., 1 M. abh., 1 M. re. und die abgeh. M. darüberz., ab * fortlfd. wiederh. **11. Reihe/Runde:** * 1 M. re., 2 M. re. zus.stricken, 1 M. re., 1 Umschl., 3 M. re., 1 Umschl., 1 M. re., 1 M. abh., 1 M. re. und die abgeh. M. darüber., ab * fortlfd. wiederh. **13. Reihe/Runde:** * 1 M. re., 2 M. re. zus.stricken, 1 Umschl., 5 M. re., 1 Umschl., 1 M. abh., 1 M. re. und die abgeh. M. darüberz., ab * fortlfd. wiederh. **15. Reihe/Runde:** * 1 M. abh., 2 M. re. zus.stricken und die abgeh. M. darüberz., 7 M. re., 1 Umschl., ab * fortlfd. wiederh. Die 1.–16. Reihe/Runde fortlaufend wiederholen.
Maschenprobe: 21 M. in der Breite und 32 R. in der Höhe ergeben 10 cm im Quadrat.
Rücken- und Vorderteil werden bis zu den Armausschnitten in einem Stück in Rd. gestrickt. Dafür 120 M. mit Nadel Nr. 3 anschlagen, zur Rd. schließen und zunächst für das Bündchen 4,5 cm im Rippenmuster (2 M. re., 2 M. li. im Wechsel) stricken. Dann mit Nadel Nr. 3,5 im Grundmuster weiterarbeiten. Damit sich das Muster in der Höhe richtig fortsetzt, müssen am Anfang jeder 15. Musterrd. die ersten 3 M. wie folgt zus.gestrickt werden: Bereits die letzte M. der Vorrd. abheben, die ersten 2 M. der 15. Rd. re. zus.-stricken und die abgeh. M. darüberziehen, dann wie beschrieben fortfahren. In 20 cm Gesamth. die Arbeit in Rücken- und Vorderteil teilen, d. h. die ersten 60 M. der Rd. auf einer Hilfsnadel stillegen.

(weiter Seite 121)

Mit den übrigen M. in Hin- und Rückr. zunächst das Rückenteil weiter gerade hochstricken. Dabei sofort beidseitig je 1 M. dazu anschlagen und als Randm. arbeiten. In jeder 15. Musterr. dürfen jetzt am Anfang nur 2 M. zus.gestrickt werden anstatt 3 M., und in der jeweils folg. 1. Musterr. strickt man die letzten 2 M. (letzte M. und Randm.) zusammen. So setzt sich das Muster exakt fort. In 33 cm Gesamth. für die rechte Schulter 18 M. abketten, für den rückw. Halsausschnitt die mittl. 24 M. stilllegen. Mit den übrigen 18 M. für die Verschlußblende noch 1 cm im Rippenmuster arbeiten, die M. abketten. Das Vorderteil bis 28 cm Gesamth. genau wie das Rückenteil stricken. Dann für den vord. Halsausschnitt die mittl. 8 M. abketten

(weiter Seite 122)

Vorderteil und Rückenteil

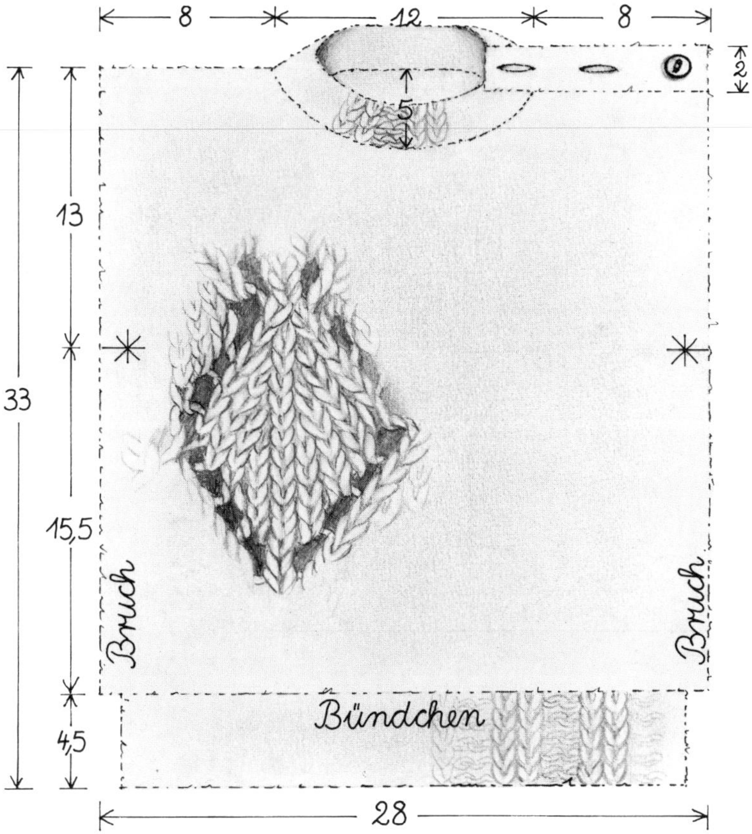

und zunächst die rechte Schulter beenden. Dabei weiter in jeder 2. R. 3mal 2 M. und 2mal 1 M., in 33 cm Gesamth. die übrigen 18 M. abketten. Die linke Schulter gegengleich stricken und die restlichen 18 M. in 32 cm Gesamth. stillegen.
Ärmel: *40 M. mit Nadel Nr. 3 anschlagen und in Hin- und Rückr. zunächst für das Bündchen 4,5 cm im Rippenmuster strikken. Dann mit Nadel Nr. 3,5 im Grundmuster weiterarbeiten. Dabei für die Weite in der 1. R. und noch 7mal in jeder folg. 8. R. beidseitig je 1 M. zunehmen, und das Muster seitlich fortsetzen. Dabei darauf achten, daß nicht mehr M. zus.gestr. als Umschl. aufgenommen wurden und umgekehrt. In 24 cm Gesamth. die M. abketten. Den zweiten Ärmel genauso stricken.*
Ausarbeitung: *Die rechte Schulternaht schließen. Aus dem vord. Halsausschnitt 36 M. mit Nadel Nr. 3 herausstricken, die stillgelegten M. des rückw. Halsausschnittes mit auf die Nadel nehmen, aus der Kante der rückw. Verschlußblende 2 M. herausstricken und mit allen 62 M. für die Blende in Hin- und Rückr. 2 cm im Rippenmuster arbeiten, die M. abketten. Für die Verschlußblende die stillgelegten M. wieder auf die Nadel Nr. 3 nehmen, aus der vord. Halsblende 4 M. herausstricken und in Hin- und Rückr. im Rippenmuster arbeiten. Dabei in 1 cm Höhe gleichmäßig verteilt (s. Schnittschema) 3 Knopflöcher einstr. Dafür jeweils 1 M. abketten und in der folg. R. wieder anschlagen. In 2 cm Blendenhöhe die M. abketten. Die Ärmelnähte schließen, die Verschlußblenden entspr. übereinanderlegen und die Ärmel einnähen. Die Knöpfe annähen.*

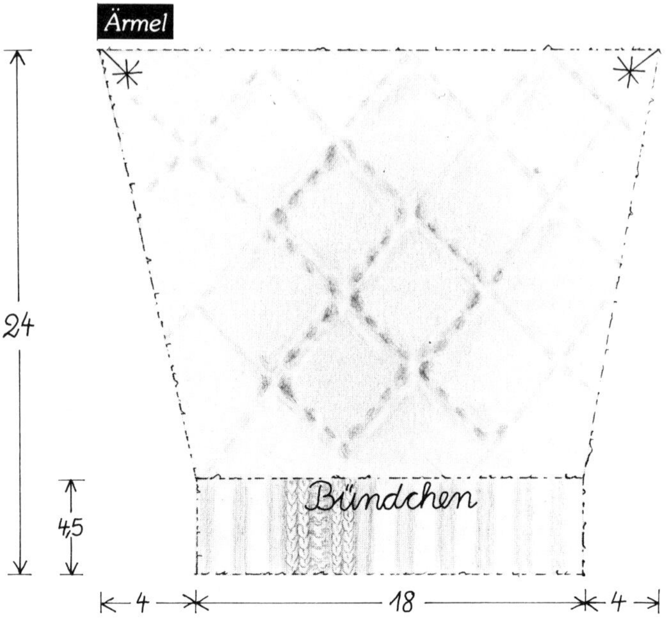

□ re. M.
U Umschl.
\ 1 M. abheben, 1 M. re. und die abgeh. M. darüberziehen.
/ 2 M. re. zus. str.
Λ 1. M. abheben, 2 M. re. zus. str. und die abgeh. M. darüberziehen.

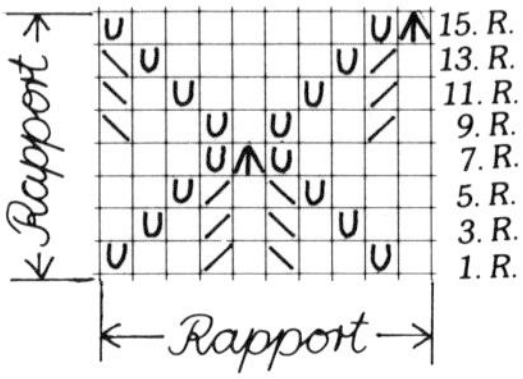

Angorakleid in Größe 86

Etwas Besonderes für niedliche Mädchen: Kunterbunte Ringel reihen sich in der Passe dieses weichen Angorakleides aneinander (Foto Seite 124).

Material: *120 g zyklamfarb. Angorawolle (Lauflänge 95 m/20 g) und Reste derselben Stärke in Türkis, Weiß, Lila, Blau und Ziegelrot, Stricknadeln Nr. 3,5 und 1 Rundstricknadel Nr. 4, 1 Häkelnadel Nr. 2,5 sowie 1 kleiner Knopf.*
Grundmuster: *glatt re. (Hinr. re., Rückr. li., in Runden nur re.).*
Farbfolge für die Passe: *3 Rd. in Türkis, 2 Rd. in Zyklam, 3 Rd. in Weiß, 2 Rd. in Zyklam, 3 Rd. in Lila, 2 Rd. in Zyklam, 3 Rd. in Blau, 2 Rd. in Zyklam, 3 Rd. in Ziegelrot, 2 Rd. in Zyklam, 3 Rd. in Weiß, 2 Rd. in Zyklam, 3 Rd. in Türkis, 2 Rd. in Zyklam, 3 Rd. in Lila.*
Maschenprobe: *21 M. in der Breite und 30 R. in der Höhe ergeben 10 cm im Quadrat.*
Rücken- und Vorderteil *werden bis zum Beginn der Passe in einem Stück in Rd. gestrickt. Dafür 160 M. mit Nadel Nr. 4 in Zyklam anschlagen, zur Rd. schließen und zunächst für die Blende 2 cm im Rippenmuster (2 M. re., 2 M. li. im Wechsel) stricken. Dann im Grundmuster weiterarbeiten. Dabei in der 9. Rd. mit den Abnahmen für die geringere Weite beginnen, d. h. jede 39. und 40. M. re. zus.stricken. Diese Abnahmen noch 8mal in jeder folg. 9. Rd. an den gleichen 4 Stellen wiederholen, also zunächst jede 38. und 39. M., weiter jede 37. und 38., jede 36. und 37. M. usw. re. zus.stricken. In 30,5 cm Gesamth. mit verkürzten R. weiterarbeiten. Verkürzte R. strickt man, um vor Beginn der Passe ein höheres Rückenteil zu erhalten (s. höherer rückw. Halsausschnitt im Schnittschema). Die Passe kann später rundherum gleich hoch gearbeitet werden und das Muster wird nicht zerstört. Dafür 10 M. in der vord. Mitte auf einer Hilfsnadel stillegen. Mit den übrigen M. insgesamt 6 Hin- und Rückr. wie folgt arbeiten: Die 1. R. stricken, dabei am Ende 8 M. ungestrickt auf der linken Nadel lassen, wenden, zurückstricken, am Ende 8 M. ungestrickt lassen, wenden, zurückstricken, am Ende insgesamt 16 M. ungestrickt lassen, wenden, zurückstricken, insgesamt 16 M. ungestrickt lassen, wenden, zurückstricken, insgesamt 24 M. ungestrickt lassen, wenden, zurückstricken, insgesamt 24 M. ungestrickt lassen. Damit an den Wendestellen keine Löcher entstehen, wird nach jedem Wenden vor dem Zurückstricken 1 Umschl. aufgenommen. Die Umschl. strickt man später, wenn wieder über diese Stellen hinweggearbeitet wird, mit der folg. M. zusammen. Nach den 6 R. nochmals wenden und für einen Armausschnitt die ersten 4 M. auf der linken Nadel abketten, die folg. 58 M. stricken (diese bilden das Rückenteil) und für den zweiten Armausschnitt nochmals 4 M. abketten. Nun alle M. stillegen und mit einem*** Ärmel*** *beginnen. Dafür 34 M. mit Nadeln Nr. 3,5 in Zyklam anschlagen und zunächst für das Bündchen 4 cm im Rippenmuster stricken. Dann mit Nadel Nr. 4 in Hin- und Rückr. im Grundmuster weiterarbeiten.*

(weiter Seite 125)

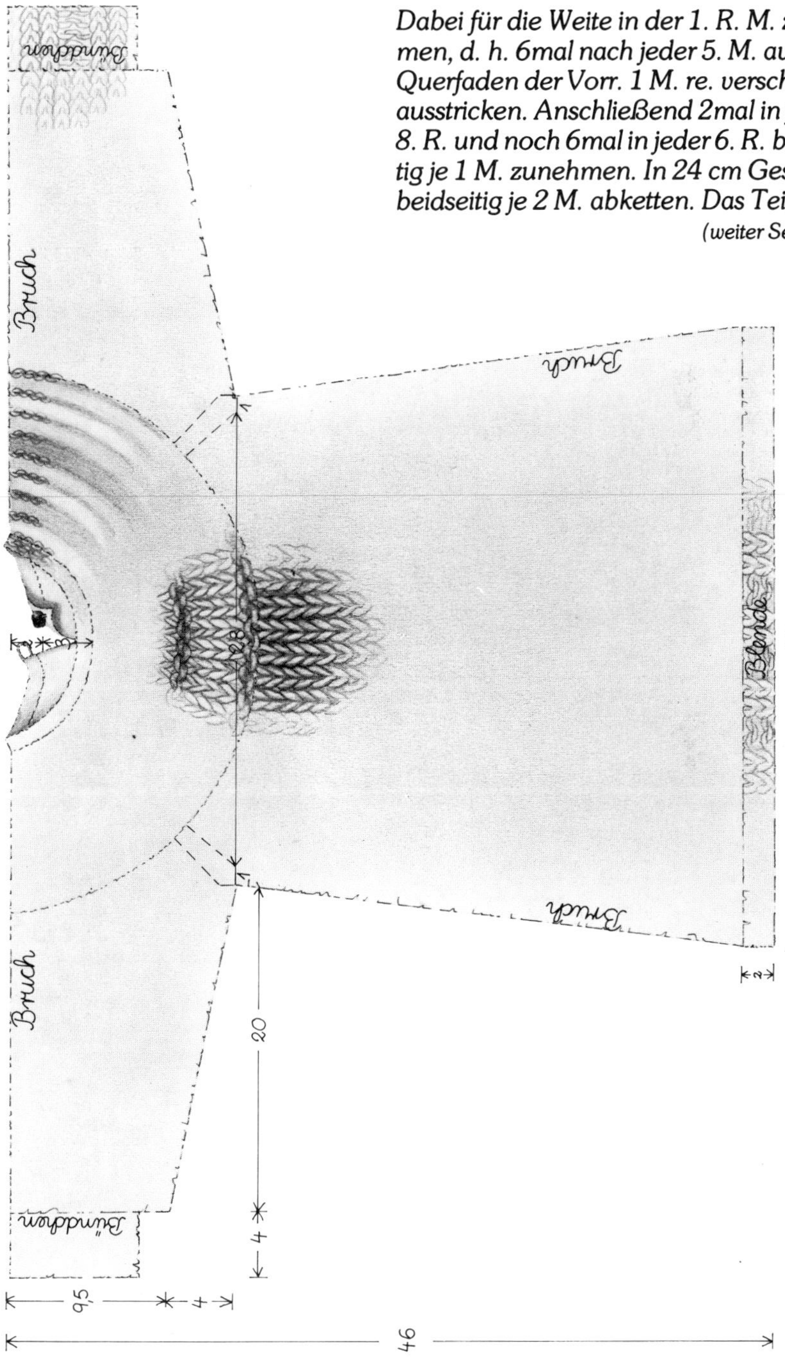

Vorderteil und Rückenteil mit Ärmeln

Dabei für die Weite in der 1. R. M. zunehmen, d. h. 6mal nach jeder 5. M. aus dem Querfaden der Vorr. 1 M. re. verschr. herausstricken. Anschließend 2mal in jeder 8. R. und noch 6mal in jeder 6. R. beidseitig je 1 M. zunehmen. In 24 cm Gesamth. beidseitig je 2 M. abketten. Das Teil still-

(weiter Seite 126)

legen und den zweiten Ärmel genauso weit stricken. Nun die Ärmel beidseitig zu den M. des Rückenteiles auf die Nadel nehmen (die M. des Vorderteiles weiter stillegen) und insgesamt 4 Hin- und Rückr. jeweils um 12 M. verkürzt arbeiten, also die 1. R. str., am Ende 12 M. auf der linken Nadel lassen, wenden, zurückstrikken, 12 M. liegenlassen, wenden, zurückstricken und insgesamt 24 M. liegenlassen, wenden, zurückstricken und insgesamt 24 M. liegenlassen. Nun die M. des Vorderteiles mit auf die Nadel nehmen und in Rd. wie folgt weiterarbeiten: Von der rückw. Mitte aus zunächst 1 Rd. re. stricken (die Umschl. an den Wendestellen werden mit der folg. M. zus.gestrickt), dann 1 Rd. li. arbeiten. Es sind 220 M. auf der Nadel. Nun die Ringelpasse in der angegebenen Farbfolge stricken, dabei wird jeweils die 1. zyklamfarb. Rd. re. und die 2. Rd. li. gearbeitet. Außerdem für die Passenform folg. M. re. zus.stricken: in der 1. Rd. 4mal jede 54. und 55. M., in der folg. 8. Rd. 27mal jede 7. und 8. M. Diese Abnahmen 2mal in jeder folg. 6. Rd. an den gleichen Stellen wiederholen, also zunächst jede 6. und 7. M., dann jede 5. und 6. M. re. zus.stricken (135 M.). Nun die Arbeit für den Schlitz in der rückw. Mitte teilen und in Hin- und Rückr. weiterarbeiten. Die auf der rechten Seite li. erscheinenden zyklamfarb. R. müssen in Rückr. re. gestrickt werden. Außerdem weiter 2mal in jeder 5. R. M. abnehmen, d. h. zunächst jede 4. und 5. M., dann jede 3. und 4. M. (81 M.). Nach Beenden des Passenmusters für die Blende in Zyklam kraus re. (Hinr. re., Rückr. re.) weiterarbeiten. Dabei in der 1. R. jede 4. und 5. M. re. zus.-stricken. Nach insgesamt 6 R. die M. abketten.

Ausarbeitung: Die Ärmel- und Armausschnittnähte schließen. Den Schlitz mit fe. M. umhäkeln, dabei für den Verschluß an einer Seite der Blende eine Öse arbeiten und an der anderen Seite den Knopf annähen.

Pullover mit irischen Mustern in Größe 86

Aus dicker Wolle werden der plastische Zopf und das Persianermuster zu einem sportlichen Pullover verstrickt. Lederknöpfe schließen die Schulterblenden.

Material: 400 g naturfarb. Wolle (Lauflänge 57 m/50 g), Stricknadeln Nr. 4,5 und Nr. 5 sowie 6 Knöpfe.

Grundmuster: Persianermuster, Maschenzahl teilbar durch 4. **1. und alle weiteren Hinreihen:** li. **2. Reihe:** * aus der folg. M. 1 M. re., 1 M. li. und 1 M. re. herausstricken, 3 M. li. zus.stricken, ab * fortlfd. wiederholen. **4. Reihe:** * 3 M. li. zus.stricken, aus der folg. M. 1 M. re., 1 M. li. und 1 M. re. herausstricken, ab * fortlfd. wiederholen. Die 1.–4. Reihe fortlfd. wiederholen.

Zopfmuster: 13 M. breit. **1. Reihe:** 2 M. li., 9 M. re., 2 M. li. **2.–4. Reihe:** die M. stricken, wie sie erscheinen, re. M. re., li. M. li. **5. Reihe:** 2 M. li., 3 M. auf einer Hilfsnadel hinter die Arbeit legen, 3 M. re., die M. der Hilfsnadel re., 3 M. re., 2 M. li. **6.–8. Reihe:** die M. stricken, wie sie erscheinen. **9. Reihe:** 2 M. li., 3 M. re., 3 M.

(weiter Seite 128)

auf einer Hilfsnadel vor die Arbeit legen, 3 M. re., die M. der Hilfsnadel re., 2 M. li. Die 2.–9. Reihe fortlfd. wiederholen.
Maschenprobe: *Im Grundmuster ergeben 19 M. in der Breite und 21 R. in der Höhe 10 cm im Quadrat.*
Rückenteil: *62 M. mit Nadeln Nr. 4,5 anschlagen. Wegen des Zopfmusters werden mehr M. gebraucht, als nach der Maschenprobe nötig wären. Zunächst für das Bündchen 4,5 cm im Rippenmuster (2 M. re., 2 M. li. im Wechsel) stricken. Dabei in der letzten R. am Ende 1 M. dazu anschlagen, damit das nachfolgende Muster aufgeht. Dann mit Nadeln Nr. 5 im Grund- und Zopfmuster wie folgt weiterarbeiten: 1 Randm., 24 M. im Grundmuster, 13 M. im Zopfmuster, 24 M. im Grundmuster, 1 Randm. In dieser Aufteilung gerade hochstricken. In 32 cm Gesamth. für den rückw. Halsausschnitt die mittl. 21 M. abketten und für jede Schulter getrennt noch 2 R. stricken. Dabei in der 2. R. für den Halsausschnitt weitere 4 M. abketten, die übrigen 17 M. je Schulter stillegen.*
Das ***Vorderteil*** *bis 29 cm Gesamth. genau wie das Rückenteil stricken. Dann für den vord. Halsausschnitt die mittl. 17 M.*

Vorderteil und Rückenteil

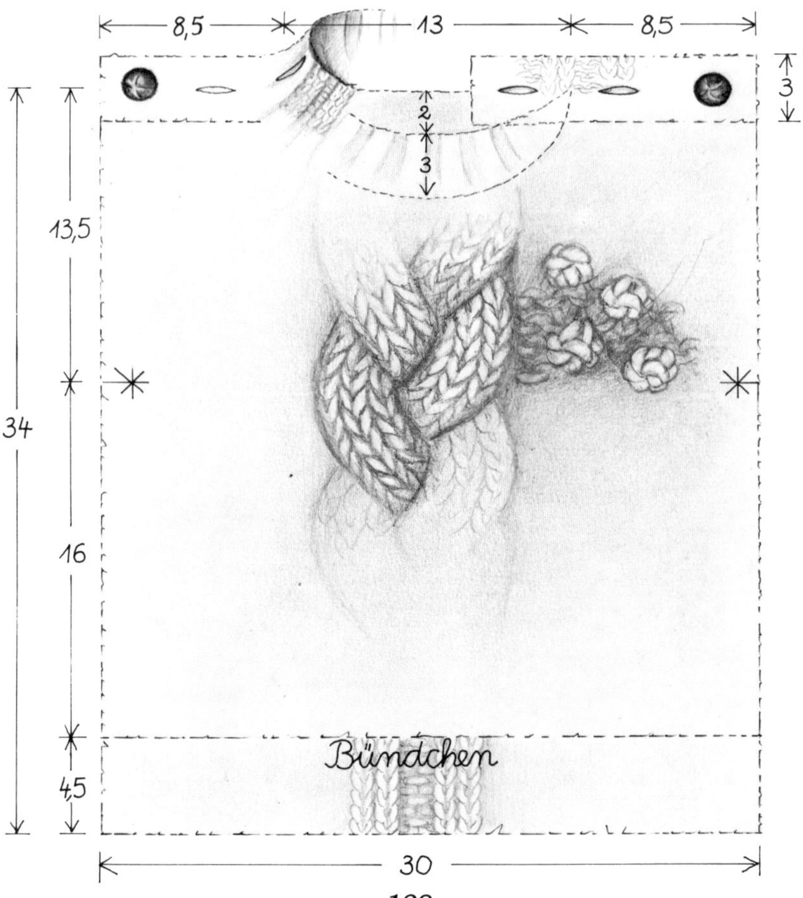

abketten und zunächst eine Schulter beenden. Dabei weiter in jeder 2. R. 1mal 3 M., 1mal 2 M. und 1mal 1 M. abketten, dann sofort die übrigen 17 M. stillegen. Die zweite Schulter gegengleich beenden.
Ärmel: *30 M. mit Nadel Nr. 4,5 anschlagen und zunächst für das Bündchen 4,5 cm im Rippenmuster stricken. Dabei für die Weite in der letzten R. M. zunehmen, d. h. 9mal nach jeder 3. M. aus dem Querfaden der Vorr. 1 M. re. bzw. li. verschr. herausstricken (39 M.). Dann mit Nadeln Nr. 5 in folgender Aufteilung weiterarbeiten: 1 Randm., 12 Maschen im Grundmuster, 13 M. im Zopfmuster, 12 Maschen im Grundmuster, 1 Randm. Gleichzeitig 8mal abwechselnd in jeder 4. und 6. R. beidseitig je 1 M. zunehmen. Das Muster seitlich entspr. fortsetzen. In 26 cm Gesamth. die Maschen abketten. Den zweiten Ärmel genauso stricken.*
Ausarbeitung: *Für die Blende aus dem rückw. Halsausschnitt 26 M. mit Nadeln Nr. 4,5 herausstricken und 4 cm im Rippenmuster arbeiten, die M. abketten. Für die Blende aus dem vord. Halsausschnitt 34 M. mit Nadel Nr. 4,5 herausstricken und 4 cm im Rippenmuster arbeiten, die M. abketten. Am Rückenteil die stillgelegten M. einer Schulter wieder auf die Nadel Nr. 4,5 nehmen, aus der Schmalseite der Halsblende 8 M. herausstricken und für die Schulterblende 3 cm im Rippenmuster arbeiten, die M. abketten. Die zweite Schulter gegengleich stricken. Am Vorderteil die Schulterblenden im Prinzip genauso arbeiten. Zusätzlich jeweils in 1,5 cm Blendenhöhe gleichmäßig verteilt 3 Knopflöcher einarbeiten (s. Schema). Dafür jeweils 1 M. abketten und in der folg. R. wieder anschlagen. Die Seiten- und Ärmelnähte schließen. Die Schulterblenden übereinanderlegen und die Ärmel einnähen. Die Knöpfe annähen.*

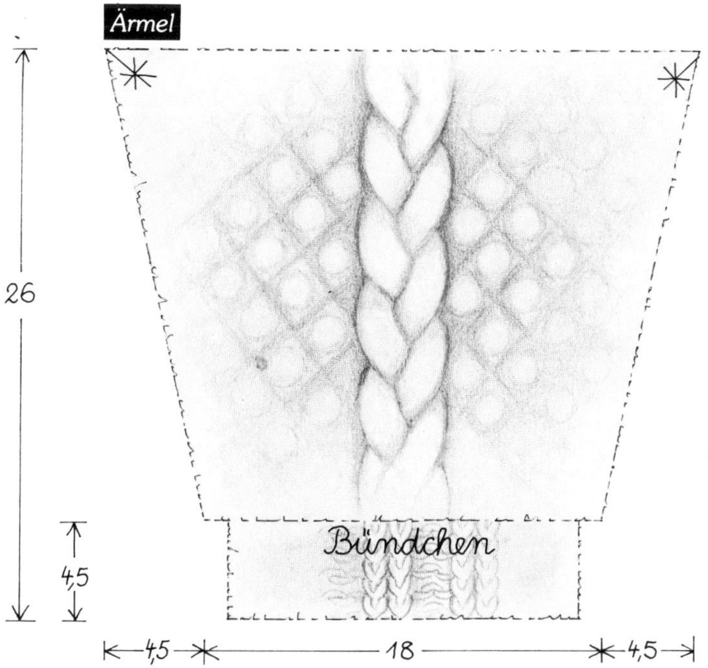

Trachtenjacke in Größe 86

Ob aus Bayern oder aus Japan – in dieser Trachtenjacke mit eingestrickter Noppenpasse fühlen sich alle Mädchen wohl. Die bunten Blüten werden zum Schluß aufgestickt.

Material: *250 g dunkelblaue Wolle (Lauflänge 125 m/50 g), 1 Rundstricknadel Nr. 3,5 sowie je 1 Docke Stickwolle in Pfefferminzgrün, Rot, Orange, Pink, Rosa und Zyklam sowie 5 Knöpfe.*
Grundmuster: *falsches Patent, Maschenzahl teilbar durch 4 plus 1 M.* ***1. Reihe:*** *2 M. re., 1 M. li., * 3 M. re., 1 M. li., ab * fortlfd. wiederholen. Die R. endet mit 2 M. re.* ***2. Reihe:*** *** 1 M. li., 3 M. re., ab * fortlfd. wiederholen. Die R. endet mit 1 M. li. Die 1. und 2. Reihe fortlfd. wiederholen.*
Passenmuster: *s. Schemazeichnung. Es zeigt das Maschenbild der rechten Seite, d. h. in den Rückr. müssen die li. gezeichneten M. re. gestrickt werden.* ***Noppe:*** *5 M. re. in die bezeichnete M. stricken, dabei abwechselnd 1mal von vorne, 1mal von hinten in die betreffende M. einstechen. Über diese 5 M. 4 R. glatt re. (Rückr. li., Hinr. re.) arbeiten, dann mit der linken Nadel nacheinander die ersten M. über die letzte M. ziehen, wobei mit der nächstliegenden M. begonnen wird, also zuerst die 4. M., dann die 3. M., die 2. M. und die*

(weiter Seite 132)

Vorderteil- und Rückenteil-Hälfte

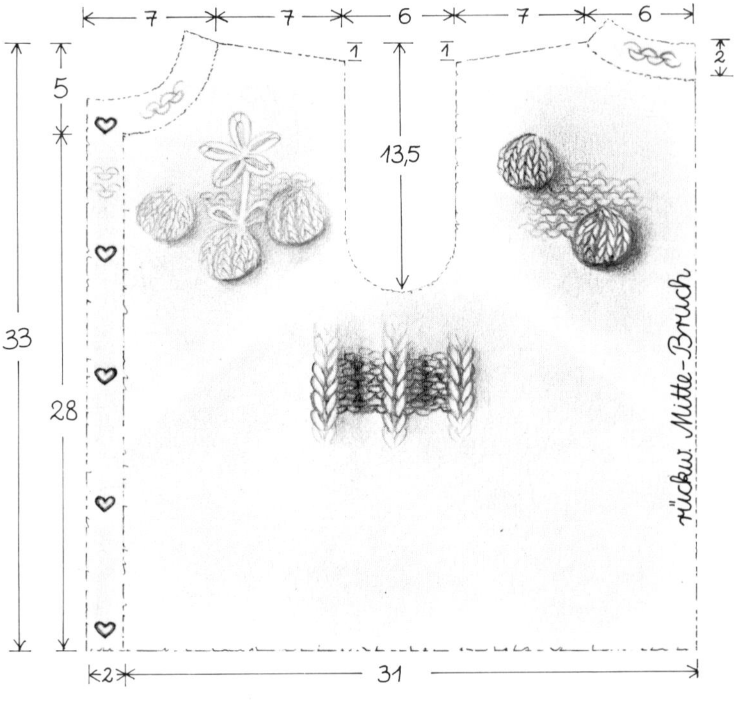

1. Masche über die 5. Masche ziehen.
Maschenprobe: *23 M. in der Breite und 35 R. in der Höhe ergeben 10 cm im Quadrat.*
Rückenteil und Vorderteile *werden bis zu den Armausschnitten in einem Stück gestrickt. Dafür 155 M. anschlagen und in Hin- und Rückr. arbeiten, und zwar strickt man für die vord. Blenden beidseitig die äußeren 5 M. kraus re. (Hinr. re., Rückr. re.), alle übrigen M. im Grundmuster. Dabei in die rechte Blende in 1 cm Höhe und noch 3mal jeweils im Abstand von 7 cm ein Knopfloch einarbeiten. Dafür jeweils die 3. und 4. Blendenm. abketten und in der folg. R. wieder anschlagen. In 13 cm Gesamth. mit dem Passenmuster beginnen, d. h. in einer Hinr. in die 6. M., die 78. M. und die 6. letzte M. je 1 Noppe stricken. In jeder weiteren R. das Muster in der rückw. Mitte nach beiden Seiten, bei den Vorderteilen entsprechend nach einer Seite verbreitern, wie aus der Schemazeichnung ersichtlich, bis alle M. im Passenmuster gestrickt werden. Gleichzeitig in 19,5 cm Gesamth. die Arbeit in Rücken- und Vorderteile teilen. Dafür beidseitig die äußeren 40 M. auf Hilfsnadeln stillegen, mit den mittl. 75 M. zunächst das Rückenteil beenden. Dabei für die Armausschnitte beidseitig sofort 2 M. und weiter in jeder 2. R. 1mal 2 M. und 3mal 1 M. abketten, gerade hochstricken. In 31 cm Gesamth. für den rückw. Halsausschnitt die mittl. 17 M. abketten und zunächst eine Schulter beenden. Dabei weiter in jeder 2. R. 3mal 2 M., gleichzeitig in 32 cm Gesamth. für die Schulterschrägung 1mal 6 M. und weiter in jeder 2. R. 2mal 5 M. abketten. Die zweite Schulter gegengleich beenden. Nun am rechten Vorderteil weiterarbeiten. Dabei die Ab-*

Passenmuster

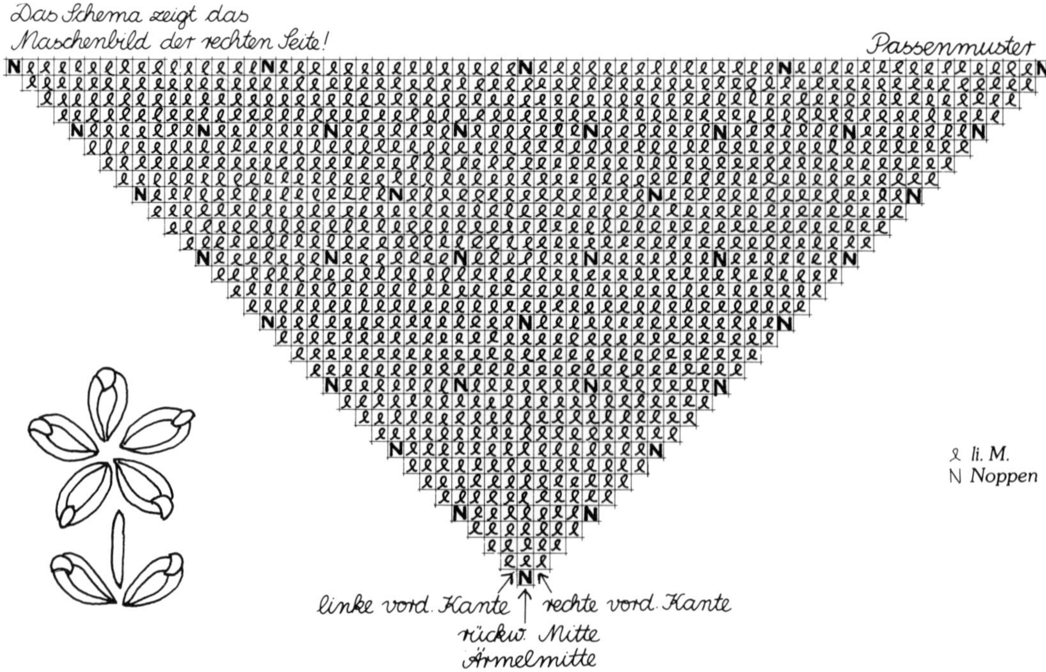

ℓ li. M.
N Noppen

nahmen für den Armausschnitt genau wie beim Rückenteil, die Knopflöcher wie vordem beschrieben ausführen. In 28 cm Gesamth. für den vord. Halsausschnitt die 5 Blendenm. auf einer Sicherheitsnadel stillegen, dann die anschließenden 4 M. und weiter in jeder 2. R. 1mal 3 M., 1mal 2 M. und 3mal 1 M. abketten. In 32 cm Gesamth. für die Schulterschrägung 6 M. und weiter in jeder 2. R. 2mal 5 M. abketten. Das linke Vorderteil ohne Knopflöcher gegengleich beenden.

Ärmel: 41 M. anschlagen und in Hin- und Rückr. im Grundmuster arbeiten. Dabei für die Weite 9mal in jeder 8. R. beidseitig je 1 M. zunehmen und das Muster seitlich entsprechend fortsetzen. Gleichzeitig in 16 cm Gesamth. in einer Hinr. mit dem Passenmuster beginnen, d. h. in die mittl. M. eine Noppe arbeiten und das Muster in jeder R. nach beiden Seiten verbreitern (s. Schemazeichnung), bis alle M. in diesem Muster gestrickt werden. Gleichzeitig in 23 cm Gesamth. mit den Abnahmen für die Armkugel beginnen. Dafür beidseitig je 3 M. und weiter in jeder 2. R. 1mal 2 M., 10mal 1 M., 3mal 2 M., 2mal 3 M., dann die restlichen 5 M. abketten. Den zweiten Ärmel genauso stricken.

Ausarbeitung: In jede Rhombe des Passenmusters ein Blümchen im Margeritenstich sticken, die Stengel und Blätter in Grün, die Blüten in allen Rottönen. Die Schulter- und Ärmelnähte schließen. Die Armkugeln einkräuseln und die Ärmel einnähen. Für die Blende aus dem Halsausschnitt 56 M. herausstricken, beidseitig die stillgelegten Blendenm. mit auf die Nadel nehmen und in Hin- und Rückr. 2 cm kraus re. arbeiten. Dabei in 1 cm Höhe noch ein Knopfloch wie gewohnt einstricken. Die M. abk. und die Knöpfe annähen.

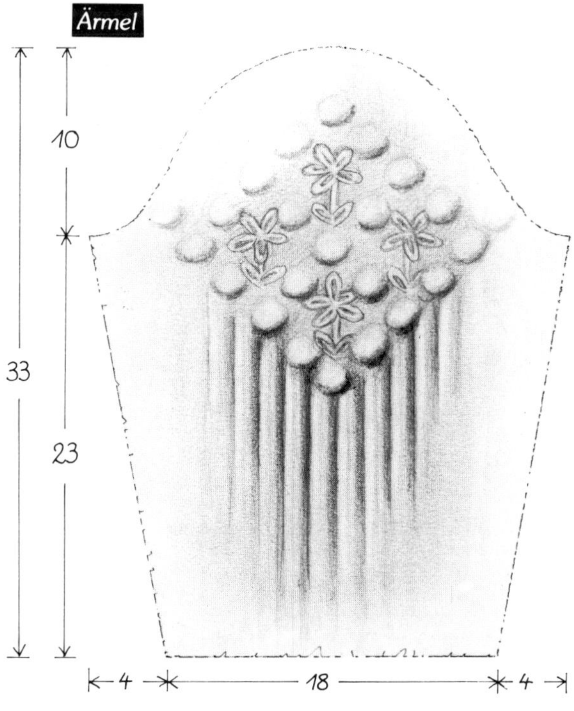

Rhombenpullover in Größe 92

Harlekin stand bei diesem Pullover Pate: Die Flächen aus bunter Mohairwolle werden in einem Stück aneinandergestrickt.

Material: *insgesamt 150 g Mohairwollreste (Lauflänge 100 m/50 g) z. B. in Blau, Rot, Zyklam, Lila, Rosa, Grün und Grau, Stricknadeln Nr. 4,5 und Nr. 5 sowie 3 Knöpfe.*

Grundmuster: *glatt re. (Hinr. re., Rückr. li.), Flächenaufteilung s. Schemazeichnung, 1 Kästchen = 1 Masche. Das Schema zeigt das Maschenbild der rechten Seite, d. h. in den Rückr. müssen die rechts gezeichneten Maschen li., die links gezeichneten Maschen re. gestrickt werden.*

Maschenprobe: *15 M. in der Breite und 22 R. in der Höhe ergeben 10 cm im Quadrat.*

Vorderteil: *48 M. mit Nadel Nr. 4,5 in Blau anschlagen und zunächst für das Bündchen 5 cm im Rippenmuster (2 M. re., 2 M. li. im Wechsel) stricken. Dann mit Nadel Nr. 5 im Grundmuster die Flächenaufteilung genau nach der Schemazeichnung ausführen, dabei am Anfang der 1. R. 1 M. dazu anschlagen. Es wird ständig mit mehreren Knäulen gleichzeitig gestrickt. Damit zwischen den einzelnen Flächen eine feste Verbindung entsteht, müs-*

(weiter Seite 136)

Vorderteil und Rückenteil

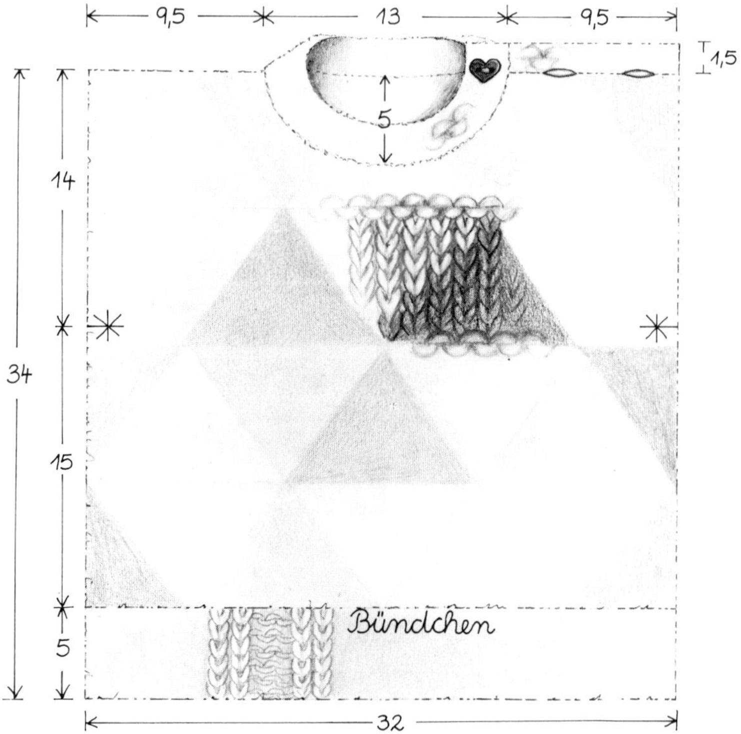

sen bei jedem Farbwechsel in einer R. die beiden Fäden auf der Rückseite miteinander verkreuzt werden. Die Abnahmen für den vord. Halsausschnitt nach dem Schema vornehmen und zuerst die 15 M. der rechten Schulter abketten. Nun mit den M. der linken Schulter für die Verschlußblende in Rot kraus re. (Hinr. re., Rückr. re.) weiterstricken. Dabei sofort 2 Knopflöcher wie im Schnittschema gezeichnet einarbeiten. Dafür in der nächsten Hinr. jeweils 1 M. abketten und in der folg. Rückr. wieder anschlagen. In 1,5 cm Blendenhöhe die M. abketten.
Das **Rückenteil** genau wie das Vorderteil arbeiten, jedoch ohne Halsausschnitt (es werden 34 M. abgekettet) und ohne Knopflöcher. Die Farbaufteilung gegengleich ausführen.
Rechter Ärmel: 26 M. mit Nadel Nr. 4,5 in Lila anschlagen und zunächst für das Bündchen 5 cm im Rippenmuster arbeiten. Dann mit Nadel Nr. 5 im Grundmuster nach der Schemazeichnung weiterstricken. Dabei am Anfang der 1. R. 1 M. dazu anschlagen, anschließend die Zunahmen für die Weite wie gezeichnet ausführen, die M. abketten. Den **linken Ärmel** genauso stricken, jedoch die Rhombe in Rot und Rosa arbeiten.
Ausarbeitung: Die Seiten- und Ärmelnähte und die rechte Schulternaht schlie-

□ re. M.
ℓ li. M.

Ärmel

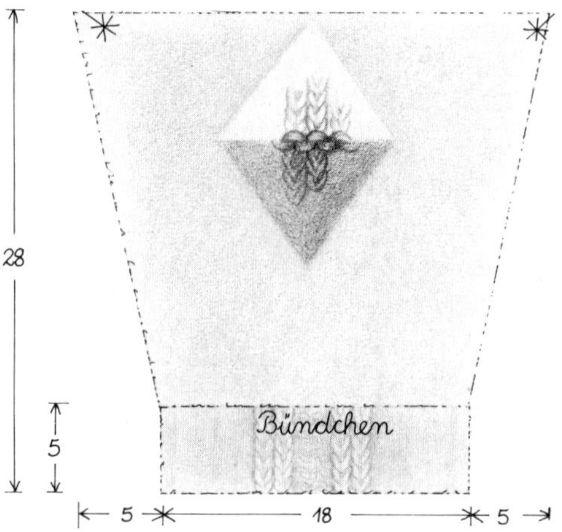

Rechter Ärmel

Das Schema zeigt das Maschenbild der rechten Seite!

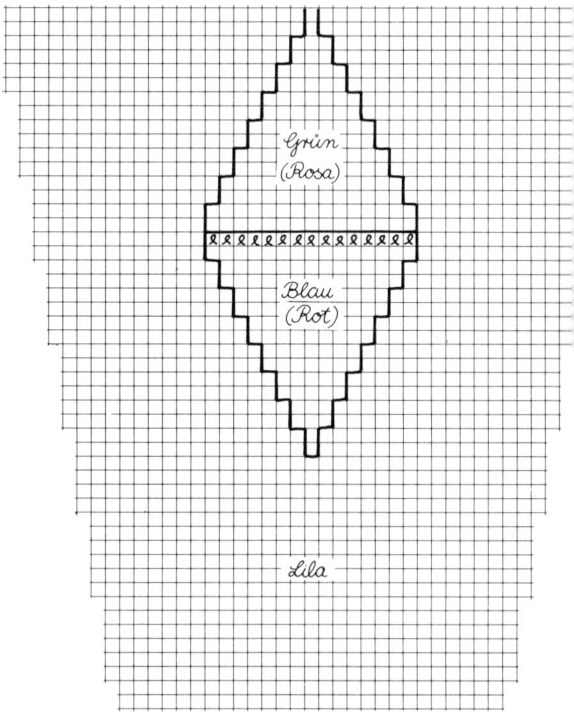

ßen. Die Verschlußblenden der linken Schulter übereinanderlegen und die Ärmel ∗ an ∗ einnähen. Für die Blende aus dem Halsausschnitt und den Kanten der Verschlußblenden insgesamt 50 M. mit Nadel Nr. 4,5 in Rot herausstr. und kraus re. weiterarbeiten, dabei in 1 cm Höhe noch ein Knopfloch einarbeiten, wie im Schnittschema eingezeichnet. In 2 cm Blendenhöhe die M. abk., Knöpfe annähen.

Vorderteil

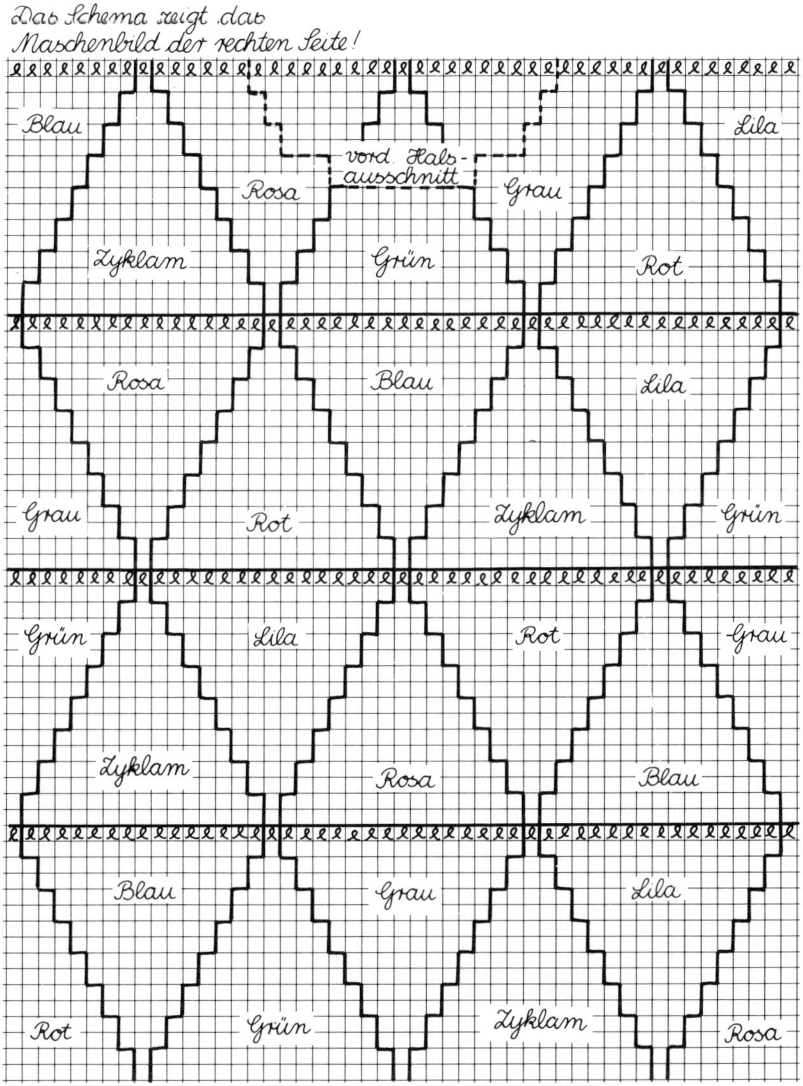

Decke

Die ideale Grundlage zum Toben und Träumen ist diese Decke mit eingestrickten Sternen.

Material: *500 g dunkelblaue Sportwolle (Lauflänge 57 m/50 g) und Reste derselben Stärke in Türkis, Rot, Zyklam, Lachs, Rosa, Blau und Lila sowie 1 Rundstricknadel Nr. 5.*
Grundmuster: *glatt re. (Hinr. re., Rückr. li.), Sterne s. Schemazeichnung.*
Maschenprobe: *15 M. in der Breite und 22 R. in der Höhe ergeben 10 cm im Quadrat.*
Anleitung: *Die fertige Decke ist ca. 90x66 cm groß. Es wird an der breiten Kante begonnen. Dafür 130 M. in Dunkelblau anschlagen und in Hin- und Rückr. im Grundmuster arbeiten. Dabei ca. 12 kleine und 7 große Sterne in beliebiger Anordnung (s. Foto) in den bunten Farben einstricken, dabei läuft der dunkelblaue Faden auf der Rückseite der Arbeit mit. In 62 cm Gesamth. die M. stilllegen und für die Blende aus den Seitenkanten je 93 M. aus der unteren Kante 130 M. herausstricken. Nun die stillgelegten M. wieder in Arbeit nehmen und mit diesen insgesamt 446 M. in Rd. kraus re. (1 Rd. re., 1 Rd. li. im Wechsel) arbeiten. Dabei in jeder re. Rd. an den 4 Eckm. jeweils vor und nach der Eckm. aus dem Querfaden der Vorrd. 1 M. re. verschr. herausstr. In 2 cm Blendenhöhe die M. abk.*

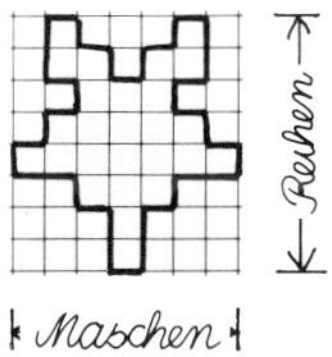

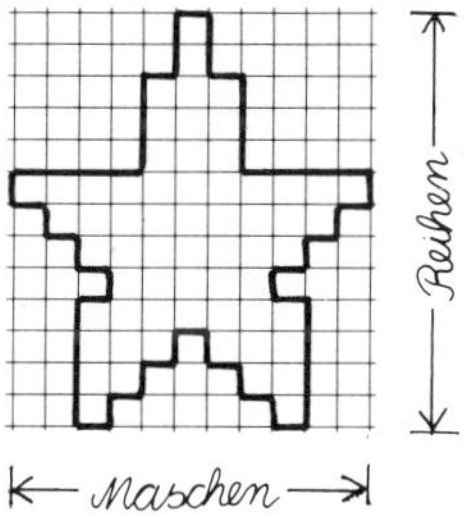

Norwegermütze mit Fäustlingen

Den Peruanern abgeguckt ist der Schnitt, von den Norwegern stammt das Muster dieser Mütze. Hier ist sie aus bunten Angoraresten gestrickt. Die Fäustlinge sind einfach bunt geringelt (Foto Seite 141).

Material: *insgesamt 50 g Angorawollreste (Lauflänge 95 m/20 g) in Dunkelblau, Ziegelrot, Blau, Zyklam, Rosa, Orange und Lila, 1 Nadelspiel Nr. 3,5.*
Grundmuster: *glatt re. (Hinr. re., Rückr. li., in Runden nur re.). Norwegermuster s. Schemazeichnung, Maschenzahl teilbar durch 12.*

(weiter Seite 140)

Norwegermütze mit Fäustlingen

Maschenprobe: *24 M. in der Breite und 35 R. in der Höhe ergeben 10 cm im Quadrat.*
Die fertige ***Mütze*** *hat eine Kopfweite von 40 cm. Dafür 96 M., verteilt auf 4 Nadeln, in Dunkelblau anschlagen, zur Runde schließen und zunächst für den Rand 1 cm kraus re. (1 Rd. re., 1 Rd. li. im Wechsel) stricken. Dann weiter im Grundmuster das Norwegermuster nach der Schemazeichnung arbeiten, dabei den Rapport in der Runde fortlfd. wiederholen. In der Höhe ist das ganze Muster gezeichnet. In der 26. Rd. mit den Abnahmen für die Kopfform beginnen. Dafür 6mal jede 15. und 16. M. re. zus.str., in der 28. Rd. 6mal jede 14. und 15. M., in der 33. Rd. 12mal jede 6. und 7. M., in der 35. Rd. 6mal jede 11. und 12. M. (66 M.), in der 38. Rd. 11mal jede 5. und 6. M., in der 40. Rd. 11mal jede 4. und 5. M. (44 M.), in der 43. Rd. 11mal jede 3. und 4. M., in der 45. Rd. 11mal jede 2. und 3. M., in der 47. Rd. 11mal je 2 M. zus.str. Die restlichen 11 M. mit dem Endfaden zus.-ziehen. Für eine Ohrenklappe aus der unteren Kante 4,5 cm von der rückw. Mitte 15 M. in Zyklam herausstr. und in Hin- und Rückr. im Grundmuster nach der Schemazeichnung arbeiten. Die Abnahmen für die Rundung sind im Schema eingezeichnet. Nun rund um die Ohrenklappe 34 M. in Dunkelblau herausstr. und 1 cm kraus re. (Hinr. re., Rückr. re.) arbeiten, die M. abketten. Die zweite Ohrenklappe gegengleich stricken. Die Blenden an den Schmalseiten an der Mütze festnähen. Nun 2 je 20 cm lange Kordeln in Dunkelblau drehen und an die Ohrenklappen annähen.*
Fäustlinge: *32 M., verteilt auf 4 Nadeln, in Dunkelblau anschlagen, zur Runde schließen und zunächst für den Rand 1 cm kraus re. stricken. Dann im Grundmuster und folgender Fabrfolge weiterarbeiten: je 4 Rd. in Orange, Blau, Ziegelrot, Rosa, Zyklam, Lila und Dunkelblau. Gleichzeitig in 6,5 cm Gesamth., nach dem zyklamfarb. Streifen, für die Spitze 4mal in jeder 2. Rd. wie folgt M. abnehmen: jeweils am Anfang der 1. und 3. Nadel 1 M. abheben., 1 M. re. und die abgeh. M. darüberziehen. Jeweils am Ende der 2. und 4. Nadel 2 M. zus.str. Nun die 8 M. der 1. und 2. Nadel mit den 8 M. der 3. und 4. Nadel im Maschenstich zus.nähen. Den zweiten Fäustling genauso str. Eine ca. 50 cm lange Kordel in Dunkelblau drehen und an die Fäustlinge annähen.*

Mütze

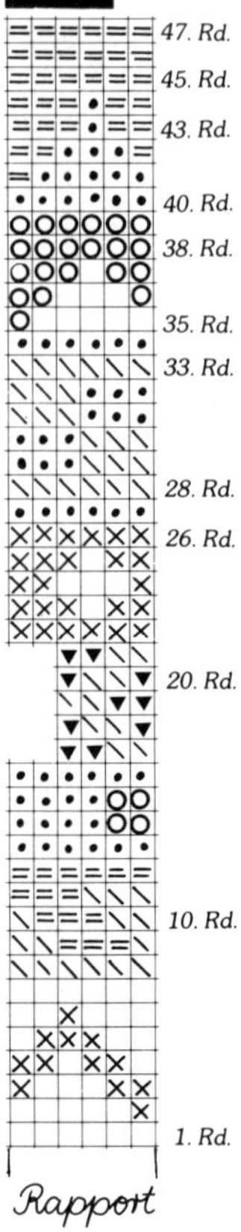

□ Blau
× Ziegelrot
= Zyklam
\ Rosa
• Dunkelblau
○ Orange
▼ Lila

Ohrenklappe

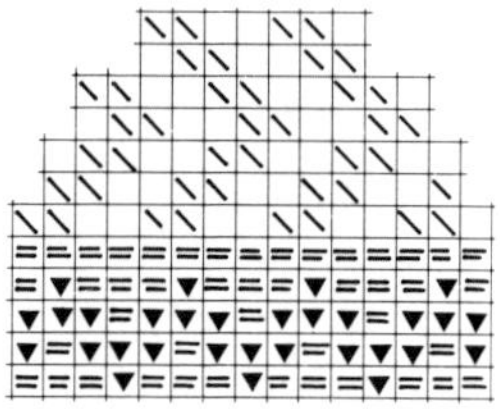

Kleid mit Norwegerpasse in Größe 92

Nicht nur sonntags hübsch: Das Kleid aus kochfester Topflappenbaumwolle wird in einem Stück in Runden gestrickt. Ebenso hübsch – und weniger empfindlich – ist es aus glatter Wolle in Dunkelblau mit einer kunterbunten Passe.

Material: *350 g weißes Topflappengarn (Lauflänge 87 m/50 g) und Reste derselben Stärke in Lila, Türkis, Pink, Rosa, Weinrot und Rot, je 1 Rundstricknadel Nr. 3,5 und Nr. 4 sowie 1 Häkelnadel Nr. 3 und 1 kleiner Knopf.*
Grundmuster: *glatt re. (Hinr. re., Rückr. li., in Runden nur re.), Passenmuster s. Schemazeichnung.*
Maschenprobe: *20 M. in der Breite und 29 R. in der Höhe ergeben 10 cm im Quadrat.*
Rücken- und Vorderteil *werden bis zum Beginn der Passe in einem Stück in Rd. gestrickt. Dafür 176 M. mit Nadel Nr. 4 in Weiß anschlagen, zur Rd. schließen und zunächst für die Blende 2 cm kraus re. (1 Rd. re., 1 Rd. li. im Wechsel) arbeiten. Dann im Grundmuster weiterstricken. Dabei in der 4. Rd. mit den Abnahmen für die geringere Weite beginnen, d. h. 4mal jede 43. und 44. M. re. zus.stricken. Diese Abnahmen noch 11mal in jeder folg. 4. Rd. an den gleichen 4 Stellen wiederholen, also zunächst jede 42. und 43. M., weiter jede 41. und 42. M., jede 40. und 41. M. usw. re. zus.stricken. In 30 cm Gesamth. mit verkürzten R. weiterarbeiten. Verkürzte R. strickt man, um vor Beginn der Passe ein höheres Rückenteil zu erhalten. Später kann die Passe dann rundherum gleich hoch gearbeitet werden, und das Passenmuster wird nicht zerstört. Es wird wie folgt vorgegangen: In der vord. Mitte 20 M. auf einer Hilfsnadel stillegen. Mit den übrigen M. insgesamt 4 Hin- und Rückr. arbeiten, d. h. die 1. R. stricken, am Ende 10 M. ungestrickt auf der linken Nadel lassen, wenden, zurückstricken, am Ende 10 M. ungestrickt auf der linken Nadel lassen, wenden, zurückstricken, am Ende insgesamt 20 M. ungestrickt auf der linken Nadel lassen, wenden, zurückstrikken, am Ende insgesamt 20 M. ungestrickt auf der linken Nadel lassen. Damit an den Wendestellen keine Löcher entstehen, wird nach jedem Wenden vor dem Zurückstricken 1 Umschl. aufgenommen. Wird später wieder über diese Stelle hinweggearbeitet, strickt man den Umschl. mit der folg. M. zusammen. Nach diesen verkürzten R. nochmals wenden, für den Armausschnitt die ersten 4 M. der linken Nadel abketten, 60 M. stricken (diese bilden das Rückenteil), die folg. 4 M. für den zweiten Armausschnitt abketten. Alle M. stillegen und mit einem* ***Ärmel*** *beginnen. Dafür 34 M. mit Nadel Nr. 3,5 anschlagen und in Hin- und Rückr. zunächst für das Bündchen 4 cm im Rippenmuster (2 M. re., 2 M. li. im Wechsel) stricken. Dann mit Nadel Nr. 4 im Grundmuster weiterarbeiten. Dabei für die Weite in der 1. R. M. zunehmen, d. h. 6mal nach jeder 5. M. aus dem Querfaden der Vorr. 1 M. re. verschr.*

(weiter Seite 144)

herausstricken. Anschließend 8mal abwechselnd in jeder 6. und 8. R. beidseitig je 1 M. zunehmen. In 26 cm Gesamth. beidseitig je 2 M. abketten und das Teil stillegen. Den zweiten Ärmel genauso weit stricken. Nun die Ärmel beidseitig zu den M. des Rückenteiles auf die Nadel nehmen (die M. des Vorderteiles weiter stilllegen) und mit diesen 164 M. insgesamt 4 verkürzte Hin- und Rückr. stricken, und zwar genauso wie beim Rücken- und Vorderteil beschrieben. Dann die M. des Vorderteiles mit auf die Nadel nehmen und 1 Rd. über alle M. arbeiten. Dabei die 1. und 2. M. und die 113. und 114. M. re. zus.stricken. Es sind 222 M. auf der Nadel. In der folg. Rd. von der rückw. Mitte aus mit dem Passenmuster beginnen. In der Rd. wird der Rapport nach dem Schema fortlfd. wiederholt, in der Höhe ist die gesamte Passe gezeichnet. Einige Rd. im Passenmuster werden li. gestrickt (s. Schemazeichnung). Außerdem für die Passenform folg. M. re. zus.stricken: in der 10. Rd. jede 5. und 6. M. (185 M.), in der 15. Rd. jede 19. und 20. M. (176 M.), in der 24. Rd. jede 4. und 5. M., in der 26. Rd. die 1. und 2. M. (140 M.). Nun für den Verschluß die Arbeit in der rückw. Mitte teilen und in Hin- und Rückr. weiterarbeiten. Dabei müssen die R., die auf der rechten Seite li. erscheinen sollen, in Rückr. re. gestrickt werden. Außerdem in der 32. Musterr. jede 6. und 7. M., in der 34. Musterr. jede 5. und 6. M. re. zus.strikken (100 M.), in der 41. Musterr. 32mal jede 2. und 3. M. zus.stricken (68 M.). Nach Beenden der Passe für die Blende mit Nadel Nr. 3,5 in Weiß 2 cm im Rippenmuster arbeiten, die M. abketten.

Ausarbeitung: *Die Ärmel- und Armausschnittnähte schließen. Den rückw. Schlitz mit fe. M. in Weiß umhäkeln. An die rechte Seite eine Öse arbeiten, an der linken Seite den Knopf festnähen.*

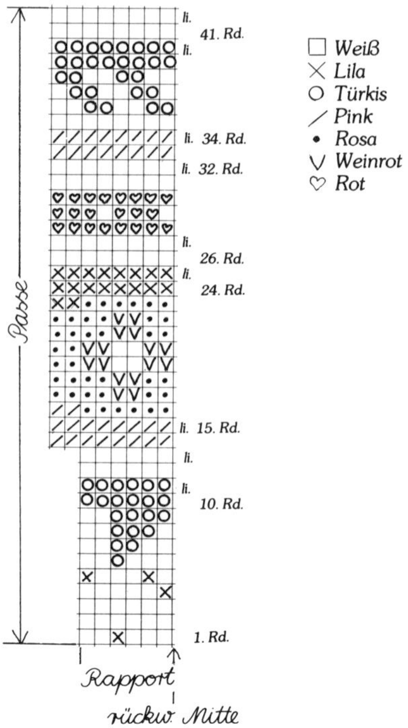

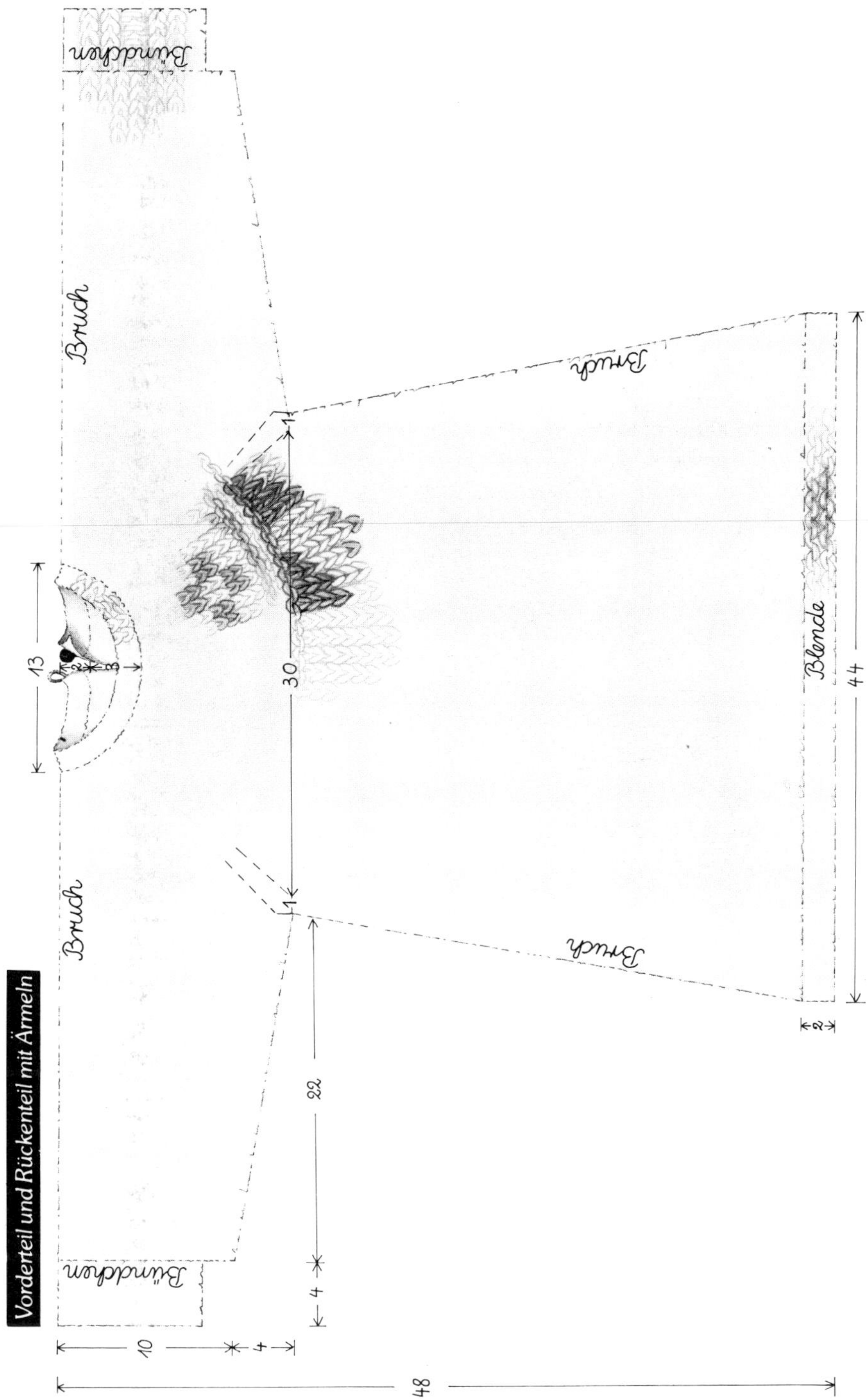
Vorderteil und Rückenteil mit Ärmeln
Bündchen
Bruch
Bruch
Bündchen
13
3
2
30
1
1
Bruch
Bruch
Blende
44
2
22
4
10
4
48

Pullover mit Kapuze in Größe 92

Für den ersten Ausflug in den Schnee: Ein Pullover aus dicker Mohairwolle mit angestrickter Kapuze. Der Pinguin wird eingestrickt, das Herz zum Schluß aufgestickt.

Material: *200 g türkisfarb. Mohairwolle (Lauflänge 90 m/50 g), je ein Rest derselben Stärke in Grau, Weiß, Gelb und Rot, Stricknadeln Nr. 4,5 und Nr. 5, 1 Nadelspiel Nr. 4,5 sowie ein Rest Organza.*
Grundmuster: *glatt re. (Hinr. re., Rückr. li.), Flächenaufteilung s. Schemazeichnung, 1 Kästchen = 1 Masche.*

Maschenprobe: *15 M. in der Breite und 22 R. in der Höhe = 10 cm im Quadrat.*
Rückenteil: *48 M. mit Nadeln Nr. 4,5 in Türkis anschlagen und zunächst für das Bündchen 5 cm im Rippenmuster (2 M. re., 2 M. li. im Wechsel) stricken. Dann mit Nadeln Nr. 5 im Grundmuster gerade hocharbeiten. In 33 cm Gesamth. für den rückw. Halsausschnitt die mittleren 12 Maschen abketten und zunächst eine Schulter beenden. Dabei weiter in jeder 2. R. 2mal 2 Maschen abketten, in 35 cm Gesamth. die restlichen 14 Maschen stilllegen. Die zweite Schulter*

(weiter Seite 148)

Vorderteil und Rückenteil

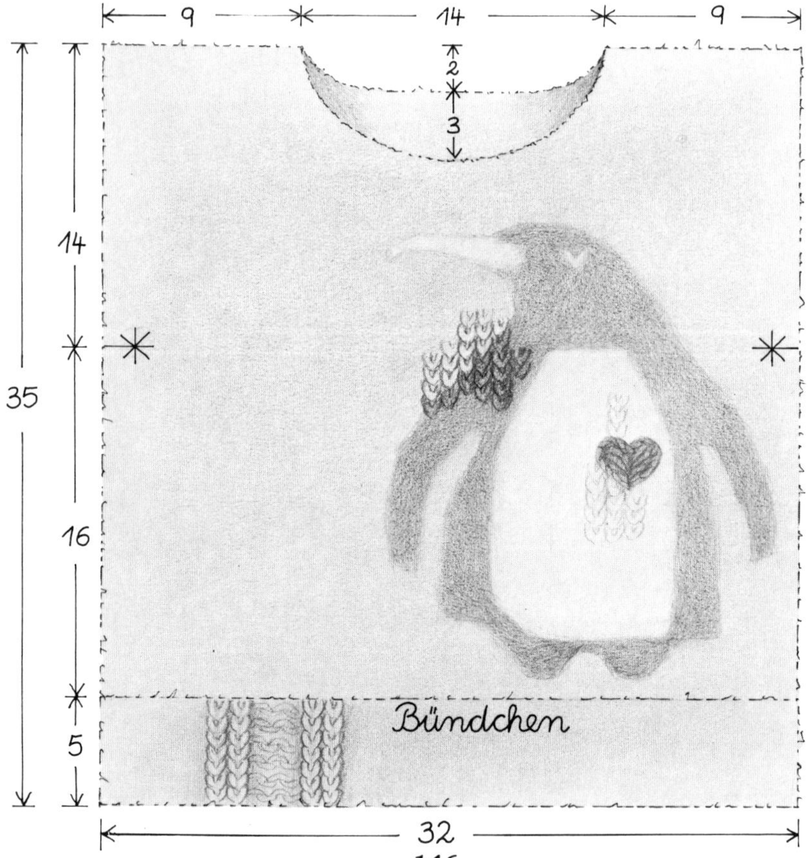

gegengleich stricken.
*Das **Vorderteil** bis 30 cm Gesamth. genau wie das Rückenteil arbeiten, dabei jedoch gleich nach dem Bündchen die Flächenaufteilung nach der Schemazeichnung ausführen. Beim Einstricken die vord. Mitte beachten. Es wird ständig mit mehreren Knäulen gleichzeitig gestrickt. Damit zwischen den einzelnen Flächen eine feste Verbindung entsteht, müssen bei jedem Farbwechsel in einer R. die beiden Fäden auf der Rückseite miteinander verkreuzt werden. Das Herz und das Auge werden später aufgestickt. Nach dem Einstricken des Schemas in Türkis weiterarbeiten. Dann für den vord. Halsausschnitt die mittleren 8 M. abketten und zunächst eine Schulter beenden. Dabei weiter in jeder 2. R. 3mal 2 M. abketten, in 35 cm Gesamth. die restlichen 14 M. stillegen. Die zweite Schulter gegengleich stricken.*
***Ärmel:** 28 M. mit Nadeln Nr. 4,5 in Türkis anschlagen und zunächst für das Bündchen 5 cm im Rippenmuster arbeiten. Dann mit Nadeln Nr. 5 im Grundmuster weiterstricken. Dabei für die Weite sofort und noch 6mal abwechselnd in jeder 6. und 8. R. beidseitig je 1 M. zunehmen. In 28 cm Gesamth. die M. abketten. Den zweiten Ärmel genauso arbeiten.*
*Jetzt die Schultern im Maschenstich zusammennähen und für die **Kapuze** aus dem Halsausschnitt insgesamt 60 M. mit dem Nadelspiel (15 M. je Nadel), von der*

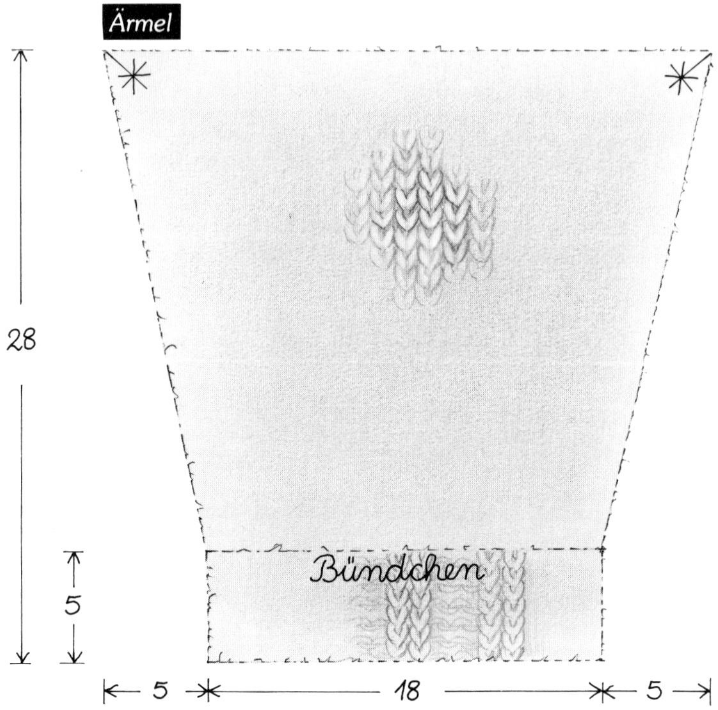

rückw. Mitte aus, herausstricken und in Runden 4 cm im Rippenmuster arbeiten. Dann in der vord. Mitte 12 M. abketten und in Hin- und Rückr. mit Nadel Nr. 5 im Grundmuster weiterarbeiten. In 20 cm Kapuzenhöhe (vom rückw. Halsausschnitt gemessen) 15 M. am Anfang und Ende der R. abketten und nur mit den mittleren 18 M. bis 30 cm Kapuzenhöhe weiterstricken, die M. stillegen.

Ausarbeitung: *Die Seiten-, Ärmel- und Kapuzennähte schließen. Die Ärmel * an * einnähen. Für die Blende an der Kapuze aus den vord. Kanten mit Nadel Nr. 4,5 jeweils 24 M. herausstricken, die stillgelegten M. mit auf die Nadel nehmen und im Rippenmuster 2 cm arbeiten, die M. abketten und die Blende am Kapuzenbündchen annähen. Das Herz auf Organza durchzeichnen, auf die weiße Brust des Pinguins aufheften (s. Foto) und in Rot im Plattstich aussticken. Die Kontur im Stielstich arbeiten. Den Organza rund um die Stickerei abschneiden und überstehende Fäden mit einer Pinzette auszupfen. Das Auge in Weiß im Maschenstich aufsticken.*

Kapuzen-Hälfte

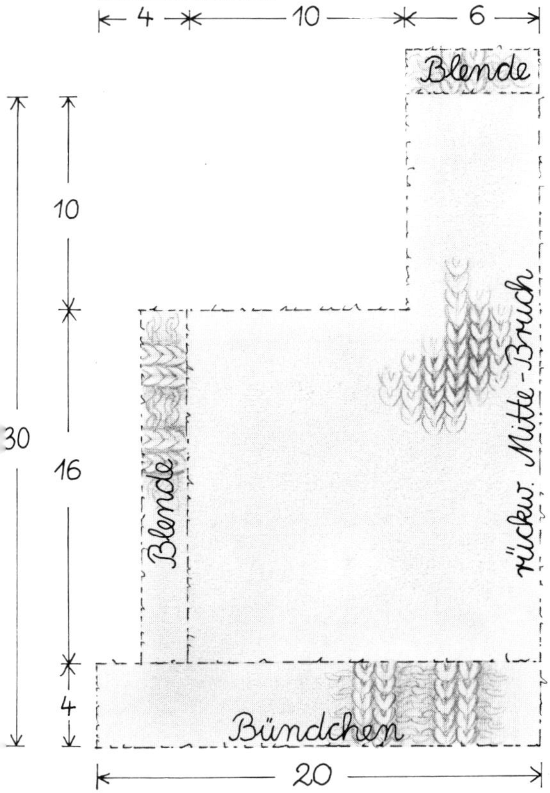

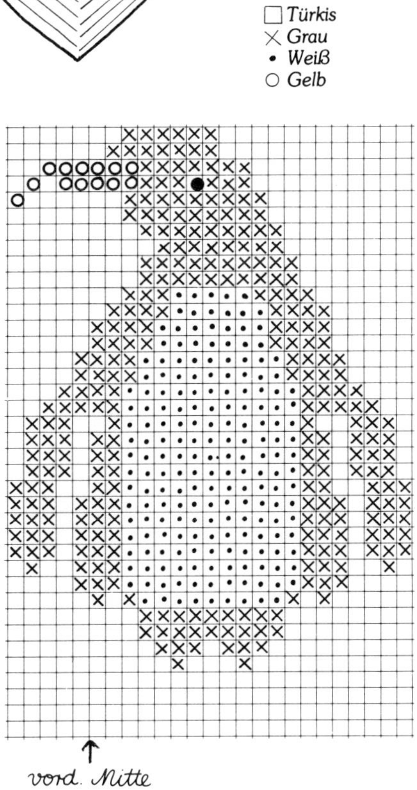

Pullunder in Größe 92

Eine große Rhombe in zarten Farben schmückt diesen Pullunder. Das Muster dafür kommt aus Schottland.

Material: *Sportwolle (Lauflänge 57 m/50 g), d. h. 200 g in Gelb, 50 g in Rosa und einen Rest in Zyklam, Stricknadeln Nr. 4,5 und Nr. 5 sowie 4 Knöpfe.*
Grundmuster: *glatt re. (Hinr. re., Rückr. li.), Rhombenmuster s. Schemazeichnung, 1 Kästchen = 1 Masche.*
Maschenprobe: *14 M. in der Breite und 21 R. in der Höhe ergeben 10 cm im Quadrat.*
Rückenteil: *44 M. mit Nadel Nr. 4,5 in Gelb anschlagen und in Hin- und Rückr. zunächst für das Bündchen 5 cm im Rippenmuster (2 M. re., 2 M. li. im Wechsel) stricken. Dann mit Nadel Nr. 5 im Grundmuster weiterarbeiten. Dabei für die Weite*

(weiter Seite 152)

Vorderteil und Rückenteil

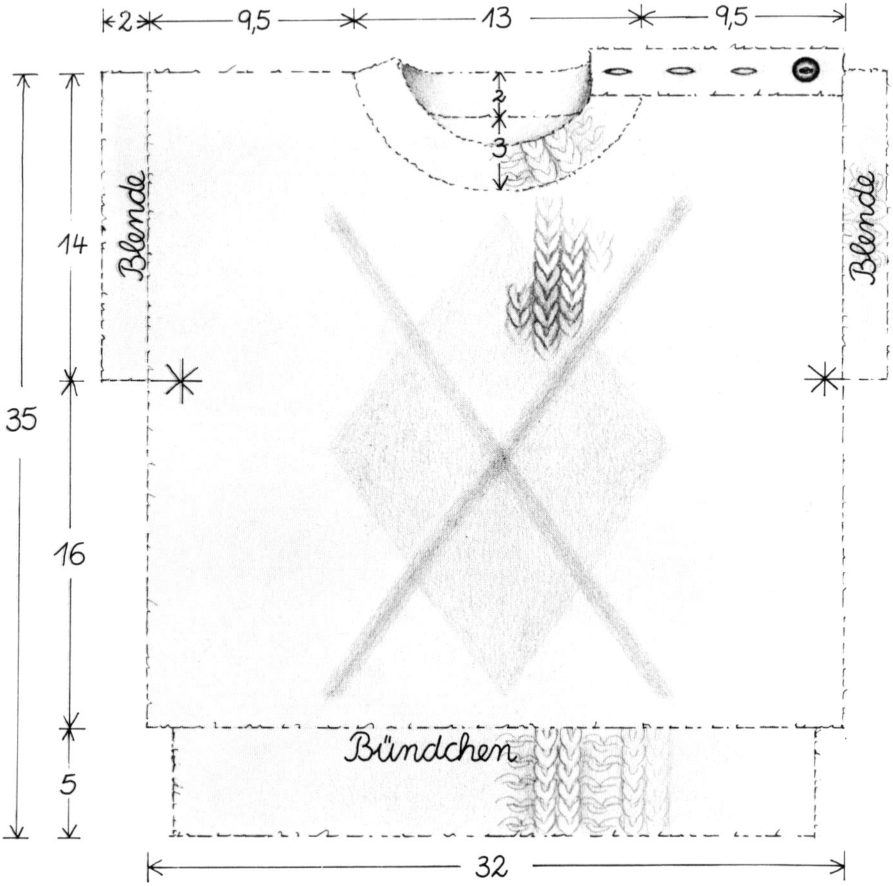

in der 1. R. M. zunehmen, d. h. 3mal nach jeder 13. M. aus dem Querfaden der Vorr. 1 M. re. verschränkt herausstricken. In 6 cm Gesamth., in einer Hinr. mit dem Einstricken der Rhombe nach der Schemazeichnung beginnen, dabei das Muster von der rückw. Mitte aus einrichten. Damit sich auf der Rückseite keine Spannfäden bilden, wird jetzt mit 3 Knäulen gleichzeitig gearbeitet. Dabei müssen bei jedem Farbwechsel in einer R. die beiden Fäden auf der Rückseite miteinander verkreuzt werden, um eine feste Verbindung zu erhalten. Die zyklamfarb. Linien werden später im Maschenstich aufgestickt. Nach Beenden der Rhombe nur in Gelb weiterarbeiten. In 33 cm Gesamth. für den rückw. Halsausschnitt die mittl. 13 M. abketten und zunächst die rechte Schulter beenden. Dabei weiter in jeder 2. R. 1mal 2 M. und 1mal 1 M., in 35 cm Gesamth. die restlichen 14 M. abketten. Die linke Schulter gegengleich arbeiten. Gleichzeitig in 34 cm Gesamth. für die Verschlußblende im Rippenmuster weiterstricken. In 2 cm Blendenhöhe die restlichen 14 M. abketten.

Das ***Vorderteil*** *wird bis 30 cm Gesamth. genau wie das Rückenteil gestrickt. Dann für den vord. Halsausschnitt die mittl. 9 M. abketten und zunächst die rechte Schulter beenden. Dabei weiter in jeder 2. R. 2mal 2 M. und 1mal 1 M., in 35 cm Gesamth. die restlichen 14 M. abketten. Die linke Schulter gegengleich arbeiten, in 34 cm Gesamth. die restlichen 14 M. stillegen.*

Ausarbeitung: *Die rechte Schulternaht schließen. Aus dem Halsausschnitt und der rückw. Verschlußblende insgesamt 46 M. mit Nadel Nr. 4,5 in Gelb herausstr. und in Hin- und Rückr. 2 cm im Rippenmuster arbeiten, die M. abketten. Für die Verschlußblende die stillgelegten M. wieder auf die Nadel Nr. 4,5 nehmen, aus der vord. Halsblende in Gelb 4 M. herausstr. und in Hin- und Rückr. im Rippenmuster arbeiten, dabei in 1 cm Höhe gleichmäßig verteilt (s. Schnittschema) 4 Knopflöcher einarbeiten. Dafür jeweils 1 M. abk. und in der folg. R. wieder anschlagen. In 2 cm Blendenhöhe die M. abketten. Die Schulterblenden übereinanderlegen. Für die Armblenden aus den Kanten von Vorderteil * bis Rückenteil * jeweils 40 M. mit Nadel Nr. 4,5 in Gelb herausstr. und in Hin- und Rückr. 2 cm im Rippenmuster arbeiten, die M. abketten. Nun die zyklamfarb. Linien, die in der Schemazeichnung mit x bezeichnet sind, im Maschenstich aufsticken. Die Seiten- und Blendennähte schließen, die Knöpfe annähen.*

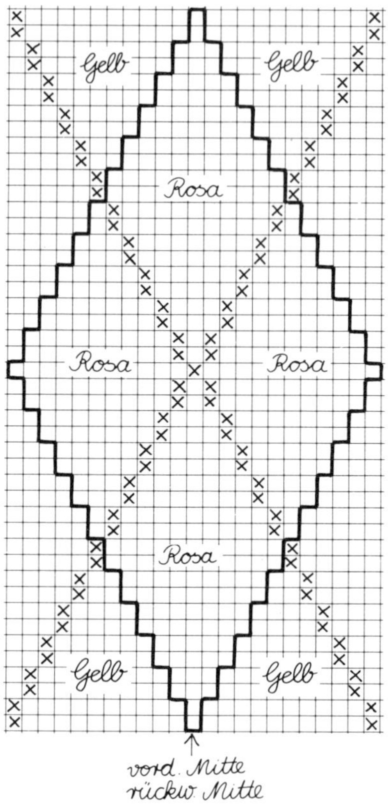

Mantel in Größe 92 und Ringelmütze

So klein und schon so schick im gestrickten Mantel! Die dicke Mohairwolle macht ihn winterfest. Die passende Ringelmütze gibt's gleich dazu (Foto Seite 154).

Material: Mohairwolle (Lauflänge 90 m/ 50 g), d. h. 200 g in Blau, 100 g in Grün, 50 g in Rosa und einen Rest in Lila, 1 Rundstricknadel Nr. 5 und 2 Knöpfe.
Grundmuster: kraus re. (Hinr. re., Rückr. re.).
Maschenprobe: 14 Maschen in der Breite und 28 Reihen in der Höhe ergeben 10 cm im Quadrat. (weiter Seite 155)

Vorderteil- und Rückenteil-Hälfte

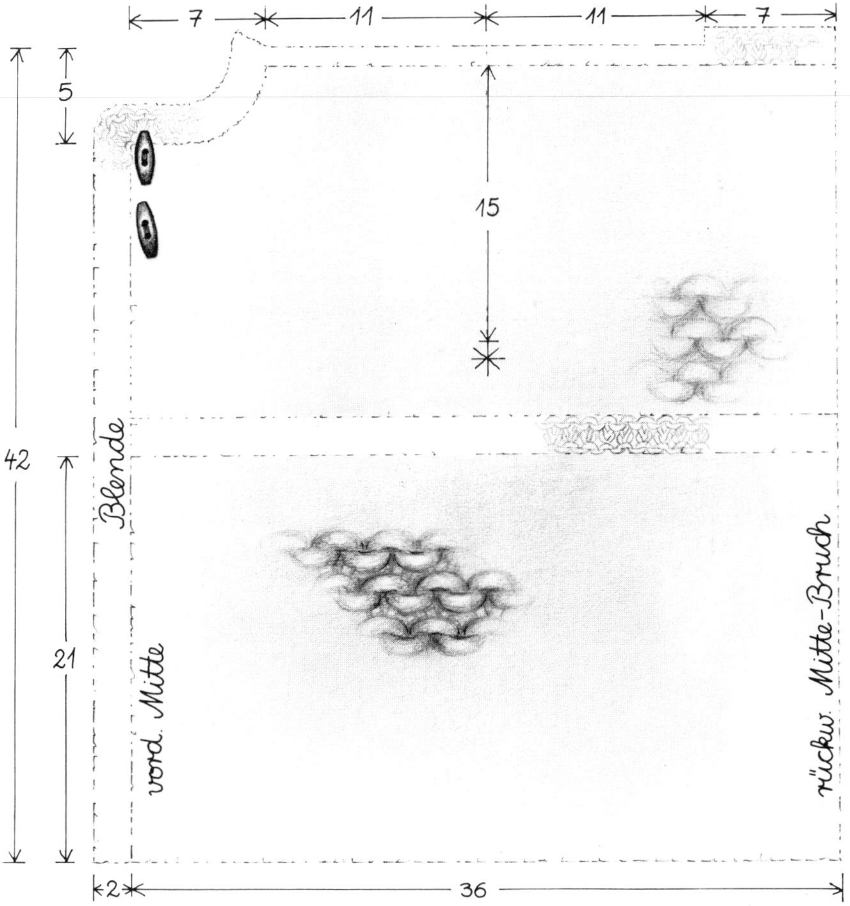

Mantel in Größe 92 und Ringelmütze

Mantel

Rücken- und Vorderteile *werden bis zu den Armausschnitten in einem Stück gestrickt. Dafür 102 M. in Blau anschlagen und in Hin- und Rückr. im Grundmuster gerade hocharbeiten. In 21 cm Gesamth., nach einer Rückr., 4 R. in Rosa stricken, dann in Grün weiterarbeiten. In 27 cm Gesamth. beidseitig die äußeren 26 M. auf einer Hilfsnadel stillegen und mit den mittl. 50 M. zunächst das Rückenteil beenden. Gerade hochstricken. In 41 cm Gesamth., nach einer Rückr., für den rückw. Halsausschnitt die mittl. 20 M. stillegen und zunächst eine Schulter beenden. Dafür noch 2 R. in Rosa stricken, dann die restlichen 15 M. abketten. Die zweite Schulter genauso arbeiten. Nun das rechte Vorderteil in gleich vielen R. wie das Rückenteil beenden. In 37 cm Gesamth. für den vord. Halsausschnitt 5 M. und weiter in jeder 2. R. 2mal 2 M. und 2mal 1 M. abketten. In 41 cm Gesamth., nach einer Rückr., wieder 2 R. in Rosa stricken, dann die restlichen 15 M. abketten. Das zweite Vorderteil gegengleich beenden.*

Ärmel

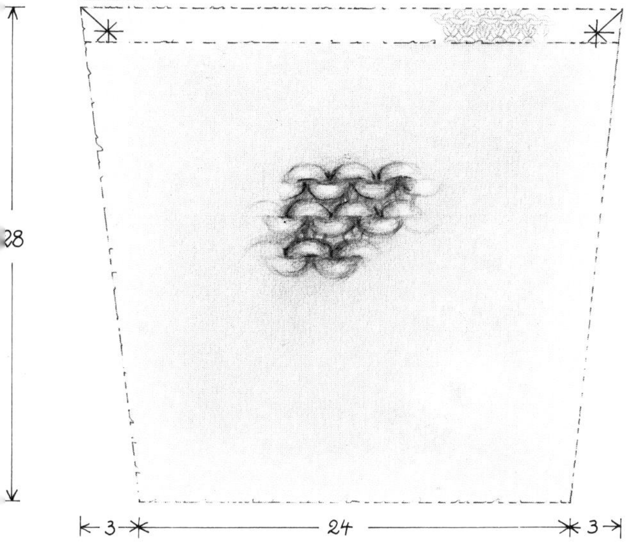

Ärmel: *34 M. in Blau anschlagen und in Hin- und Rückr. im Grundmuster arbeiten. Dabei für die Ärmelweite 4mal in jeder 18. R. beidseitig je 1 M. zunehmen. In 26 cm Gesamth., nach einer Rückr., 4 R. in Rosa stricken, dann die M. abketten. Den zweiten Ärmel genauso arbeiten.*

Ausarbeitung: Die Schulter- und Ärmelnähte schließen, die Ärmel einnähen. Für die Blenden aus den vord. Kanten und den vord. Halsausschnitten jeweils 66 M. in Rosa herausstricken, dabei an der rechten Kante für 2 Knopflöcher je 2 R. übergehen und dafür 2 M. anschlagen. Aus der rosafarb. Blende beidseitig des rückw. Halsausschnittes je 2 M. herausstricken, die stillgelegten M. des rückw. Halsausschnittes mit auf die Nadel nehmen und in Hin- und Rückr. 4 R. im Grundmuster stricken, dabei für jede Ecke am vord. Halsausschnitt in jeder 2. R. vor und nach der Eckmasche aus dem Querfaden der Vorr. 1 M. re. verschr. herausstr. Danach alle M. abketten und die Knöpfe annähen.

Mütze

Farbfolge: * je 4 R. in Blau, Rosa, Grün und Lila, ab * fortlaufend wiederholen. Für die **Mütze** 56 M. in Blau anschlagen und in Hin- und Rückr. im Grundmuster und der angegebenen Farbfolge 11 cm gerade hocharbeiten. Dann mit den Abnahmen für die Kopfform beginnen. Dafür in der folg. Hinr. jede 7. und 8. M. re. zus.str. Diese Abnahmen in jeder 2. R. an den gleichen 7 Stellen wiederholen, also zunächst jede 6. und 7. M., weiter jede 5. und 6. M., jede 4. und 5. M. usw. re. zus.str. Die letzten 7 M. mit dem Endfaden zusammenziehen und die Mützennaht schließen.

Gebräuchliche Abkürzungen bei Anleitungen

abh.	=	abheben
abk.	=	abketten
abn.	=	abnehmen
anschl.	=	anschlagen
fe. M.	=	feste Masche
fortlfd.	=	fortlaufend
hlb. Stb.	=	halbe Stäbchen
insges.	=	insgesamt
Kettm.	=	Kettmasche
Lftm.	=	Luftmaschen
li. M.	=	linke Masche
li. verschr.	=	links verschränkt
M.	=	Masche
Randm.	=	Randmasche
Rapport	=	eine bestimmte Musterstrecke in Länge und Breite, die beliebig oft wiederholt werden kann
*	=	Wiederholungszeichen (d. h. das Muster zwischen zwei * wird fortlaufend wiederholt)
R.	=	Reihe
re. M.	=	rechte Masche
re. verschr.	=	rechts verschränkt
Rd.	=	Runde
Stb.	=	Stäbchen
str.	=	stricken
überz.	=	überziehen
Umschl.	=	Umschlag
wiederh.	=	wiederholen
zun.	=	zunehmen
zus.str.	=	zusammenstricken

Maschenprobe und Lauflänge

Bevor Sie anfangen zu stricken, sollten Sie unbedingt eine Maschenprobe von mindestens 10 cm im Quadrat anfertigen, um sie mit der angegebenen Probe in der Anleitung zu vergleichen. Nach den Anleitungen können Sie sich nur richten, wenn Sie das angegebene Material oder Wolle derselben Stärke verwenden. Es ist wichtig, die ***Maschenprobe*** *im gleichen Muster wie das zu strickende Modell anzufertigen! Die Wollstärken werden anhand der* ***Lauflänge*** *(zum Beispiel 150 m/50 g) verglichen, die auf jeder Banderole eines Knäuels ausgedruckt ist. In den meisten Strickanleitungen (wie auch in diesem Buch) werden die Wollstärken so angegeben. Stimmen die Lauflänge und die Maschenprobe Ihrer Wolle mit der Anleitung überein, können Sie mit dem Stricken beginnen. Hat Ihre Maschenprobe zu viele Maschen, nehmen Sie eine halbe Nadelstärke größer. Hat die Maschenprobe zu wenig Maschen, stricken Sie mit einer Nadel, die eine halbe Nummer kleiner ist.*

Register

	Seite
Abkürzungen	156
Baumwolldecke und Wärmflaschenhülle	38
Decke	139
Erstlingsgarnitur	20
Hemdchen, bestickt	11
Hose, mit Pünktchenmuster	48
mit Norwegermuster	55
rosa	102

	Seite
Jacke, im Trachtenstil	130
gehäkelt und Mütze	34
mit Norwegermuster	116
mit Raglanärmeln	79
Kissen mit Applikation	12
Kleid, Angora	123
lang mit Sternenpasse	113
mit Norwegerpasse	142
Lätzchen	58
Latzhose, kurz	28
türkisfarben	74
Mantel und Ringelmütze	153
Maschenprobe	157
Mohairgarnitur und Decke	40
Mütze, geringelt	46
mit Norwegermuster und Fäustlingen	139

	Seite
Overall	68
Pullover, Baumwolle	30
gehäkelt	61
geringelt	110
mit bunten Noppen	96
mit irischen Mustern	126
mit Kapuze	146
mit Lochmuster	119
mit Motiv	92
mit Rhombenmuster	134
mit Schachbrettmuster	77
mit Zopfmuster	88
Mohair	104
patentgestrickt	84
Pullunder	150

	Seite
Register	158
Schaf	107
Schuhe, gestrickt und gehäkelt	16
Sommerhut	30
Strampelsack	44
Taufkleid	8
Teddys	64
Tragetuch	82
Wickelunterlage und Flaschenhülle	24
Wickelweste mit Lochmuster	99
mit Ringelhose	51
in Rosatönen	14
in Türkistönen	72
Vorwort	7

Brigitte-Themen als Brigitte-Bücher

Die erste Dokumentation über ein Unrecht und seine lebenslangen Folgen

Als Kind mißbraucht

Frauen brechen das Schweigen. Mit einem Bericht über die erste deutsche Selbsthilfegruppe.
Paperback, 224 Seiten

So sind die 15- bis 19-jährigen!
Die aufgeweckte Generation

Mädchen

Wie sie leben, was sie fühlen, was sie wollen.
Von Gerda Bödefeld
Paperback, 264 Seiten

Das aktuelle Buch zur aktuellen Diskussion

Gleichberechtigt?

Was die Frauen erreicht haben – und was zu tun bleibt.
Von Angelika Gardiner-Sirtl.
Paperback, 256 Seiten

Das wichtigste Buch für Frauen

Was noch vor der Liebe kommt Empfängnisverhütung

Methoden, Erfahrungen, Entscheidungshilfen.
Von Angelika Blume
Paperback, 288 Seiten, 20 Zeichnungen

Report über einen Beruf, den Millionen Frauen ausüben

Beruf: Sekretärin

Reportagen, Protokolle, Analysen.
Von Monika Held
Paperback, 248 Seiten

Für alle Frauen, die noch mehr über sich wissen wollen

Brigitte-Lexikon – Die Frau Körper, Seele, Gesundheit

Von Renate Scholz
und Margaret Minker
352 Seiten, 260 Begriffe, 225 farbige Illustrationen

Mit Bewegung und Entspannung schön, schlank und jung bleiben

Brigitte Gymnastik

Das ideale Programm für jede Frau.
Von Ilse Döring
168 Seiten, 200 Zeichnungen
Neue, überarbeitete Auflage

Alles über Tiefkühlen: Vorbereitung, Verpackung und Haltbarkeit

Brigitte Kochen & Einfrieren

Köstliche Rezepte für kleine und große Haushalte.
Von Burgunde Rudolph
und Christa Lösch
160 Seiten, 170 Rezepte, 40 Farbfotos

Das Brigitte-Kochbuch für gesundheitsbewußte Feinschmecker

Fleischlos glücklich

Die neue Küche für Genießer.
Köstlich essen ohne Fleisch.
Von Elisabeth Lange
160 Seiten, 174 Rezepte, 29 Farbfotos

So wird Abnehmen zur Lust und nicht zur Last

Brigitte Diät

Das 1000-Kalorien-Programm zum Schlankwerden und Schlankbleiben mit 400 neuen Rezepten.
Von Helga Köster
200 Seiten, 50 Farbfotos

Damit es das ganze Jahr auf Ihrem Balkon grünt und blüht

Brigitte Balkonbuch

Gärten auf kleinstem Raum.
Von Erika Markmann
176 Seiten, über 90 Farbfotos und Zeichnungen

---

121 Ideen zum Nähen und Stricken für Kinder von 1–7 Jahren.

Brigitte Kindersachen selbstgemacht

Von Gundi Heine und Jutta Barthel.
144 Seiten, 51 Farbfotos, 100 Zeichnungen

Auf Wunsch vieler Brigitte-Leserinnen:

wer hat schon flügel

Gedichte von Anne Steinwart
96 Seiten, 10 Fotos

---

100 Ideen zum Nähen und Stricken für Kinder von 6–11 Jahren

Brigitte Kindersachen Nr. 2 selbstgemacht

Eine komplette Grundgarderobe fürs Schulalter.
Von Gundi Heine und Jutta Barthel
160 Seiten, 45 Farbfotos,
108 Zeichnungen

Hier können auch Anfänger mitmachen

Brigitte Stricken

Ein Grundkurs mit den schönsten schnellen Modellen.
Von Kathrin Behrens
und Ariane Heyduck
160 Seiten, 32 Modelle, 64 Farbfotos
90 Anleitungs-Skizzen

Für alle Strickbegeisterten mit Grun kenntnissen

Brigitte Stricken No. 2

Der Aufbaukurs mit neuen Mustern und Modellen.
Von Kathrin Behrens
und Ariane Heyduck
Band 2 der Brigitte-Handarbeiten-Bibliothek
176 Seiten, 56 Muster, 34 Modelle, 77 Farbfotos, 90 Zeichnungen, Beilagebogen

---

Alles, was für Ihr Wohlbefinden wichtig ist

Brigitte Schönheit

Haut und Haar, Make Up, Körperpflege, Gymnastik, Ernährung
Von Helga Haseltine
226 Seiten, 150 Farbfotos und Zeichnungen

Betroffene erzählen von einer heimlichen Sucht

Droge Glücksspiel

Das Brigitte-Buch über ein unerforschtes Problem, mit einem Adressenverzeichnis deutscher Selbsthilfegruppen
Von Ulla Fröhling
Paperback, 288 Seiten